學八字，這本最好用

引爆命理學新革命

中國五術教育協會 理事
黃恆堉◆著

常常有人會問：改運有效嗎？
改運當然會有效，但一定要做三種改變
一、改變觀念
二、改變個性
三、改變方法
（請用台語唸）
觀念哪會通、賺錢鬼碗公
觀念哪不通、做人就兩光
個性哪不改、永遠哩騎摩托車
個性哪要改、賓士隨時牽來駛
人家說：（國語唸）
千金難買早知道
後悔不是特效藥
您想想有無道理

洪富連　老師推薦序

「三分天註定，七分靠打拼」這句流行歌詞，言之有理，對鼓舞人生向上有正面的效果。

唯古人又云：「一命、二運、三風水、四積德、五讀書」，似乎透露命運對人生的影響力是不容忽略的。

人一生的發展，有許多不確定的因素及難以捉摸的變數在操控著，有智慧的人會去掌握命運來破除這些障礙以挑戰未來，開創自我生命的新契機，八字命理就是掌握命運的最佳媒介之一。

在資訊科技發達的時代，本會理事黃君恆堉兄與東海易經研究中心張新彩老師合力，以其聰穎絕頂的研發高手，將他多年傳授的八字命理，開發一套「八字論命軟體」，對芸芸眾生在紛紛擾擾的人生旅途中，欲順利匍匐前進時本鉅作無疑是一盞指引的明燈。

恆堉老師應廣大民眾之邀，擴大本套軟體發行網前夕，樂予書序以推介之。

中國五術教育協會

理事長　洪富連　乙酉年桐月謹序於清水龍門

（按「中國五術教育協會」係內政部立案的全國性五術學術研究及教育的團體。除發行五術刊物《星元》雜誌外，也為台灣新生報及中央日報編訂年度民曆；更積極推廣民衆山、醫、命、卜、相等五術教育。**歡迎有志之士加入該協會的行列**，參加本協會有許多好處，每年舉辦會員大會贈送價值非凡贈品及《星元》雜誌以及辦理多次免費命理講座及五術學習課程，更能認識台灣各界五術大師、增廣見聞，每年舉辦五術義相義診增進人際互動，參加者絕對值回票價，歡迎索取年度活動簡章。）

總會會址：433 台中縣沙鹿鎮星河路 766 號
服務電話：04-26224934、0920-598659　洪富連老師
台中會址：407 台中市西屯區西屯路 2 段 297-8 巷 78 號
服務電話：04-24521393、0936-286531　黃恆堉老師
雲林會址：640 雲林縣斗六市合作街 142 號
服務電話：05-5377952、0931-263236　蔡文禎老師

八字軟體作者張新彩　老師序

八字命理學，是我國固有的傳統文化，在五術中最爲簡便，卻又是最爲精深的論命哲學。因此，許多研究八字者，常常排好命盤後，又難以啓齒論斷，找不出喜用神，定不出命格高低。有鑑於此，筆者特將平日爲人論命所獲得之心得，及蒐集多位命學先進精闢之見解加以分類解說。只需將個人出生時間輸入電腦軟體，即可將個人命造格局高低、用神取法、性情、健康、婚姻、六親、行業、財運及行運等之吉凶，加以系統的分析解說，即可知一生的窮通禍福、吉凶得失，以預做防範。

在工作領域或企業界，乃至於公私機關，應如何善用命理之特性來輔助管理與經營。需知八字命運乃天命因果之所在，宿世習氣之所染，對於我們所遭遇的一切好壞、吉凶、得失、順逆等都應坦然面對，不可怨天尤人，並積極改造自己不良的習性和觀念。當處在好的命運時，可盡情發揮所長；如遇到命運不佳時，應針對自己先天命格上的缺失，設法突破改造。比如命書有云「傷官見官，禍害百端」，此爲早期士大夫之社會價值觀，唯有當官才是人生的最終目標，若命上傷官星過重時會剋制正官，則仕途無望、災禍多端。但今日多元化的社會，爲官並非人生唯一的選擇，所以如果命上傷官星重的人，反而可利用傷官「多才多藝」與「才華巧思」的特性，從事自由業、影歌星、運動員、律師、文學家或命理師等行業，則同樣可功成名就。如此，也改造了我們的命運，即所謂的「知命造運」說。

余從事命理工作二十餘載，至各單位講授五術之學亦已十數寒暑，有感於命學浩瀚無涯，命理千變萬化，誠非筆者一己之力所能完全貫通與領悟。本軟體之製作，承蒙黃恆堉先生、管嘉駿先生、張碧種先生等同好及軟體工程師許秋香小姐之協助，歷經四年多時間之研發、測試與修正，得以順利推出，在此一併致謝。唯自己才學有限，恐多謬誤，祈先進賢者不吝指正。

民國九十四年　歲次乙酉　花月

張新彩　序於大肚山東海易經研究中心

呂偉嘉 老師序

算命的目的不是要預測未來，而是要規劃未來。

任何一套學問都是由先賢智慧的累積而產生，只是「八字」它不僅是一套學說，因其是以「人」為研究對象，搭配時代背景所產生的現象，所以它更是一部統計學、心理學及社會學的重要參考資料，也可以說是中國文明發展的縮影。

既然說它是一部統計學、心理學及社會學的綜合學說，那就會牽涉到各個時代背景及環境差異所產生的不同論述。所以，目前所看到的古書論述可以說是正確的歸納法，卻是錯誤的邏輯學。所以，現代研究八字，就必須依照目前的政治環境、社會環境、人際互動價值觀進行分析，並參照周圍相關人的命盤作推演比對，才能獲得較準確之驗證，這也才是現代人以科學論證應有的學習心態。

此外，「八字」的學習最重要的就是要將已知的命運進行改造，否則只是停留在既有的宿命當中。我從心理輔導的諮商及企業管理的顧問角色轉入命理的行業中，我深信命運改造的「因果論」，凡事都有因果的存在，只是在玄學中喜歡把它冠上神秘的面紗，而造成論命的模糊地帶。如果說命盤上看到的是一個人的結果，試問如果找到原因，進而改變原因，那結果是否會跟著改變。懂得邏輯推理的人當然知道答案是肯定的。所以說命盤的呈現就是大自然中的相對論而非絕對論。所以，只要你願意改變，命盤就只佔你人生的20％，所以會算不準。

如果你不願改變，則命盤將決定你20％的人生，那麼算命就會很準。東風唐開運會館也就是在推廣「全民算命運動」以及打造生命希望工的理念下創立。

當初在整理這本書的時候，本想只是提供給東風唐命理學苑的學員使用，目的不是在造就神準的命理師，而是希望讓每個人成爲自己的生命規劃師，所以，東風唐以很簡單的方式讓學員了解自己的基因組合及人生走向。我常說，懂得遺忘的人找到自由；懂得放下的人，找到輕鬆；懂得原諒的人，爲別人找到出路，也給自己找到生路。所以在當下改變，就是最有價值的人生。

本書的完成非常感謝吉祥坊易經開運中心的黃恆堉老師鼓勵才得以共同完成，感謝啓蒙老師陳光全老師、林東晴老師的教導，感謝奇門觀蕭道長及濟世堂淨明師父的栽培，讓我的人生及修行之路得以順利圓滿。

目前正在著手十本命理分析的眞人體驗故事，也期待能與更多先進及同好共同研究，創造更多人的圓滿人生。

呂偉嘉老師（序）

黃恆堉（培杰）老師序

命運是指人一生所遭遇的吉凶禍福。

同年、同月、同日、同時生的人，因為有相同時間、環境、個性等類似情形，從演繹歸納統計結果，世間約有二十五萬種不同的命；這二十五萬種命只可言大同小異，但不可能完全相同，因為影響命運的因素，尚有後天的出生地點、姓名、外貌、道德修養……都是左右成敗因素的關鍵，人的一切行為與遭遇，並非先天註定後一成不變，約有二成的人，仍受先天出生時間地點所導引。

本書作者意在求「趨吉避凶」知命用命，以達人生規畫之目的，從理財的角度而言，為何有人在股市得利，而有人卻賠錢收場，二人同時進場，各買相同的股票，結果獲利不一樣，如能在人生的投資理財中能達到避凶趨吉、指點迷津效果，為本書最大願望。

孫子兵法說：「知己知彼，百戰百勝。」科技時代資訊發達，生存競爭非勝即敗，人生旅途戰場，只有認清自己、瞭解別人，才能創造美好人生。

速食文化是現代產物，想學一門新學問，可藉由電腦資訊的輔助，不必花很多時間、精力便可事半功倍，何樂而不爲呢？

小書將呈獻給想認識自己、認識家人，或朋友，如果你認爲命理是一門深奧學問，不知從何著手，又沒時間學習的人，只要你相信命運，其他複雜的命運演變過程都交給電腦處理，至於想進一步高深研究的朋友，可參考其他命理書籍。

生存在競爭激烈的社會裡，一生奮鬥過程中，有先富後貧，亦有先貧後富；有健康長壽，亦有因病早逝；有暴發富突然猝死，亦有貧困而遐想有意外成功，卻有更多的人終生勞碌而一事無成；有學識淺薄卻能名利雙收，而滿腹經文卻不得志等……，此即不了解自己天賦才能，不知自己運勢如何運用，無法掌握自己，人的一生機會不多，所以必須從了解自己開始研究才對。怎樣研究自己天賦及運勢的運用就是本書主要內容，不要羨慕別人榮華富貴，只要你知道把握時機，運用自己，知運造命，將來成功就是你的。

本書的完成特別要感謝「東風堂開運會館」呂偉嘉老師幫忙整理資料，更感謝JANE加以潤稿同時也感謝吉祥坊易經開運中心張凱楠老師以及許秀美、王永棋助理用心校稿，才得以完成，特此致謝。

目錄

（本試用版只能試用60天，且不能列印，只能在畫面中瀏覽。命盤在2012年以後出生，無法試用）

八字人生規畫軟體安裝說明

※安裝前敬請務必要先把防毒軟體先暫停防護，待安裝完畢後在將防毒軟體重新啓動即可。

※本系統適用windows XP、windows 7、windows 8

※本系統適用於繁體中文環境

1. 進入光碟片中找setup.exe並用滑鼠點擊安裝
2. 出現繼續安裝及結束安裝畫面，請點【確定】
3. 出現選擇程式群組畫面，請點【繼續】
4. 約等待二至五分鐘安裝即可完成
5. 此時軟體捷徑已經自動產生在桌面上了
6. 直接到桌面點選進入【八字論命軟體」隨書附贈版】

謝謝指教

吉祥坊易經開運中心

不會安裝請電 04-24521393

本書附贈的八字論命軟體功能解說

以下功能全部可以瀏覽，但無法列印，如需要永久使用或列印請購買專業版。

1. 八字命盤排盤
2. 人生八大目標論命表列印
3. 擇吉日良時萬年曆
4. 開運化煞吉品介紹
5. 個性血型星座分析
6. 個性及特性分析
7. 一生關鍵之喜忌神論斷
8. 個人之幸運及忌諱數字靈動

23. 每年運氣旺衰分析
24. 每月運氣旺衰分析
25. 每日運氣旺衰分析
26. 流年官司是非檢查表
27. 流年意外、血光檢查表
28. 流年破財、損失防患表
29. 流年姻緣、結婚時機掌握表
30. 先天八字輕重一覽表
31. 流年十二宮神煞表
32. 易經命卦流年吉凶建議表
33. 生男、生女擇日建議表
34. 上述基本功能中任何一項，可增加個人論斷之詞句且可存檔印出
35. 可隨意製作各式封面（分直式、橫式）以增加服務品質
36. 可列印所有客戶名條及地址（每年定期廣告宣傳）

生辰八字乃是
命理分析之
基本資料
由個人之生辰八字
可推論出
命運之吉凶禍福
很具參考價值

談命運很多人都以八字爲架構，要學會八字論命不是三兩下功夫，本中心特開發這套簡單且實用之八字論命軟體，讓對八字有興趣的朋友花最少的時間與金錢，而能得知個人這輩子的命運，以便好好規畫未來的人生。

希望有緣人能利用老師的智慧，得知吉凶時運，掌握好運，避開凶運，以達趨吉避凶之道理。

第一章

八字的基本認識

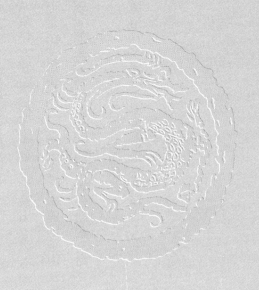

第一節　什麼是八字流年

我們常在坊間聽到「走，我們去批個八字流年。」什麼是八字呢？八字就是一個人出生時的年、月、日、時，當一個人出生時的那一剎那就決定了先天命運，這就是所謂的落土時八字命，俗稱（天時）要算出八字流年就將生辰套用八字公式排盤即可排出年（干、支）、月（午、支）、日（干、支）、時（干、支）總共八個字。在這八個字中就可推論出一個人現在、未來的運勢，八字的好壞不是由我們決定，而是由父母決定，但長大後的命運則是由我們自己決定，所以說：命不能改，但運確可以轉變，如果能知命就能造運了，俗語說：命好不如運好，運好不如個性好。

建議各位看倌都能學會老祖宗的八字學，然後運用八字統計學來規畫未來美好的人生。

第二節　八字有那些變化組合

八字雖然只有少少的八個字，但其中的奧妙確是無窮。

它包含了：

五行：木、火、土、金、水

天干：甲、乙、丙、丁、戊、己、庚、辛、壬、癸

地支：子、丑、寅、卯、辰、巳、午、未、申、酉、戌、亥

就以上的「天干、地支」共二十二個字所演變出有刑、沖、會、合、害多種的組合，套入論命公式就產生出一個人一生中的吉凶禍福。

坊間的論命技巧大多以天干，地支這二十二個字相互間的合、剋、沖、刑、害來論述，主要變化有天干合、天干相剋、地支三合、六合、地支六沖、地支六害、地支三刑、地支相刑、地支三會等等變化爲論命重點，雖然只有幾種組合，但要融會貫通可沒那麼簡單，但還好拜電腦科技之賜，八字複雜的演變經過電腦軟體的規納分析，就變得簡單許多。

假如你會輸入電腦保證十分鐘你就會算命了。

第三節　用最簡單的方式找到論命的重點

坊間八字書籍琳瑯滿目，本書就不再重複其他大師的書寫技巧及論點。本書編寫方式採其按圖施工的方式呈現，保證讓讀者一目了然，因爲我當初學習八字花了太多的時間在找資料及排命盤，至於要如何看命盤就能論命又花了許多時間，所以經過很長時間的學習及收集總算歸納出一種公式，既簡單、易懂，又很準確的論命流程，希望讓想學八字或已學一段時間卻一直掌握不到論命重點的朋友作爲初階索引。

如果你能用心將本書閱讀一遍，不用刻意背起來，只要腦中留有一點印象，保證日後在批命盤時就能在短時間找到你想要的資料。

爲什麼我敢這麼說呢？因爲一些困難的排盤動作有八字軟體來取代，可排除排錯盤的困擾，流年命運解說部分也都歸納得很清楚一目了然。在現今社會潮流下，論八字是一定要排盤，初學者單要學會排盤就需要一段時間，如今有軟體就可省下許多時間。論八字的困難度就在論斷時的資料掌握以及資料的套用跟論斷者的經驗，本書摸索了坊間最簡單的論斷模式，以及最能讓大衆所接受的論調，用命盤對照方式來指示讀者在短期間就能學會八字學理，以便達成趨吉避凶的目的。

第四節　爲什麼要用電腦軟體來輔助論命

有的人爲什麼會被稱讚爲聰明絕頂，因爲他總是博學多聞，頭腦裏裝滿很多學問。如果你要成爲八字專家，那鐵定要背很多資料任考不倒，但一般大衆並不一定想要成爲八字專家，只想從八字中知道自己的命運罷了，所以並不想投入太多的時間來研究八字，如果能藉由八字軟體來做輔助工具，那就會省下很多時間，同時也會減少許多錯誤發生。

現今爲二十一世紀，電腦化是趨勢，奉勸所有想學八字或是八字老師們一定要懂得如何運用電腦來幫助我們日常生活的便利，因爲二十一世紀是靠管理、便利而致勝的，如果我們再排斥電腦化，幾年後將很難與他人競爭了。

現今流行網際網路，網路算命何其多，有些網站生意很好，論命一次收費一百元至三千元不等，據調查台灣人大約有75%的人曾經算過命，而且一生中算過五次以上者又超過50%，如果你是其中一個，一生中大約要花多少錢在算命中呢？親愛的讀者，只要把本書帶回家將電腦軟體安裝好，就可以幫自己跟全家人或親朋好友論命了，同時也可省下許許多多的論命費用了。

第二章
如何開始論八字

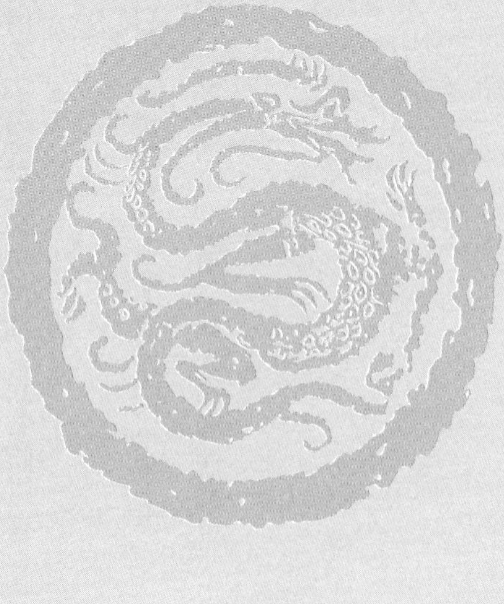

第一節　按圖指示論八字以日干爲重點

如果你想學人工排八字盤，我建議你到書局買一本有教排盤的書。本書沒有教如何排盤，因爲我覺得可以用電腦完成的工做就交給電腦，如果你買了這本書，以後要排任何人的命盤只要輸入他出生的國曆或農曆年、月、日、時就OK，請先將軟體安裝到電腦後進入八字軟體，排出個人的命盤，然後印出就開始指引如何運用八字命盤來論命，其中的價値只有用了才知道，再度恭喜你擁有了本書。

現在開始來論八字了，首先以八字之日元（也就是日干）是哪一個字，直接由以下十天干的各個特性來論其一個人的個性，命盤1所顯示出的日干爲（甲），所以此人的個性就會如甲（陽木）所述，身體毛病部分也可參考注意。

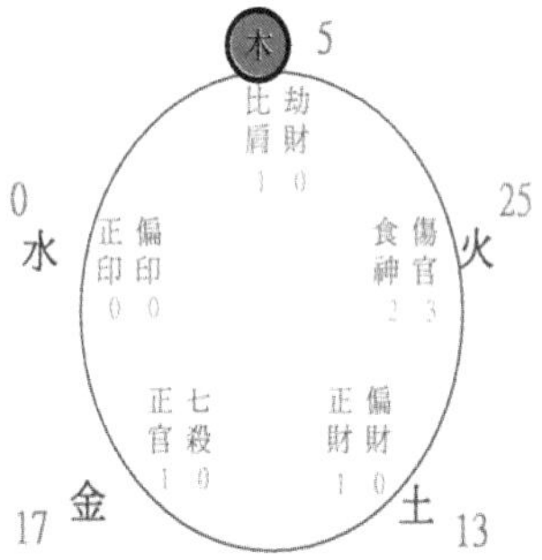

格局：從勢格

血型：A

空亡：寅卯辰巳

喜用神：火土金

忌神：水木

星座：天秤座

姓名		性別	女	
西元	1966 年			

時	日	月	年	
10	2	10	55	國曆
10	18	8	55	農曆
時	日	月	年	日期
正財	日元	傷官	食神	主星
己 土 (←合→)	甲 木	丁 火	丙 火	天干
巳 火	午 火	酉 金	午 火	地支
←半三合→ (巳—酉)	←刑→ (午—午)			
庚戊丙 金土火	己丁 土火	辛 金	己丁 土火	藏干
七殺偏財食神	正財傷官	正官	正財傷官	副星
病 49-64	死 33-48	胎 17-32	死 1-16	十二運星
亡神 文昌	將星 紅豔	飛刃 流霞	將星 紅豔	特星神煞

78-87	68-77	58-67	48-57	38-47	28-37	18-27	8-17	歲
己丑	庚寅	辛卯	壬辰	癸巳	甲午	乙未	丙申	大運

103 (49歲)	100 (46歲)	97 (43歲)	94 (40歲)	91 (37歲)	年
甲午 比肩 傷官	辛卯 正官 劫財	戊子 偏財 正印	乙酉 劫財 正官	壬午 偏印 傷官	干支
太歲	福德	歲破	太陰	太歲	神煞
104 (50歲)	101 (47歲)	98 (44歲)	95 (41歲)	92 (38歲)	年
乙未 劫財 正財	壬辰 偏印 偏財	己丑 正財 正財	丙戌 食神 偏財	癸未 正印 正財	干支
太陽	天狗	龍德	五鬼	太陽	神煞
105 (51歲)	102 (48歲)	99 (45歲)	96 (42歲)	93 (39歲)	年
丙申 食神 七殺	癸巳 正印 食神	庚寅 七殺 比肩	丁亥 傷官 偏印	甲申 比肩 七殺	干支
喪門	病符	白虎	小耗	喪門	神煞

命盤 1

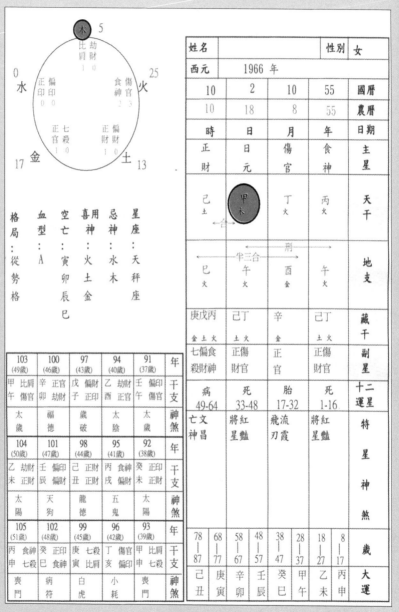

一、天干：天干共分十種，也就是有十種命格

天干：甲、乙、丙、丁、戊、己、庚、辛、壬、癸

就以十天干來論斷一個人的個性共分十種人，你是屬於哪種個性的人，趕快用電腦排出命盤來對照看看準不準，診斷標的以八字日元爲主，依八字日主可診斷出你可能會有以下的特性，好的請保持，不好的請儘快改進。

日主

甲（陽木）：

爲領導格，心仁慈，爲十天干之首，領袖慾強，喜歡領導不喜歡被領導，不甘心屈於下，所以給人永不低頭之感，喜當老闆，喜從事刺激的業務工作，個性不服輸，外表平靜、內心不屈，腳踏實地且心地善良、刻苦耐勞，心腸軟容易被利用，喜明爭不喜暗鬥，但偶有爭到了理卻傷了感情狀況，甲木之人多半較高大，容易疲勞，須注意肝膽。

甲木的人爲什麼仁慈？因爲他是大樹，一直往上延伸長出樹葉給人遮蔭，具備善良的心，看起來很複雜，因爲葉片多，其實單純淳樸、屹立不搖，所以不甘屈於人下才永不低頭，唯被砍之時才會低頭，唯有懂得謙卑、懂得低下認輸才得成功之道，一生中易犯傲慢，

要學會服人，成功即不遠。

特性：

一、不喜歡受人約束、心地軟 、為人仁慈，濫好人一個，怕眼淚，因過分仁慈而害死自己。

二、喜歡當老闆，但不一定可以當老闆，受僱上班如不受重用會很鬱悶。

三、東西須放置固定位置，如被移位即找不到。東西喜平放、橫放、不喜放太高，住屋喜寬大。

四、想做的事情會事先講，可承擔責任，懂得照顧別人，吃軟不吃硬。

五、喜歡腳踏實地，不喜隨意變動，常變動無法固定的事業則難成長。

甲木：請注意可能會有「膽、頭」方面的疾病，假如真的有，建議你每年要定期做健康檢查。

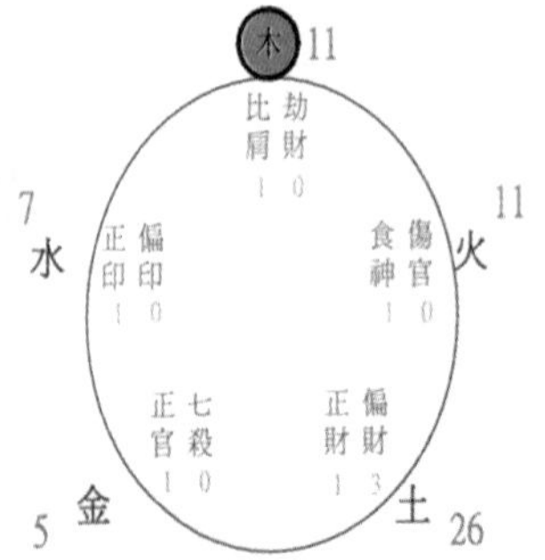

姓名		性別	女
西元	1968 年		

22	24	7	57	國曆
22	29	6	57	農曆
時	日	月	年	日期
食神	日元	偏財	正財	主星
丁 火	乙 木	己 土	戊 土	天干
亥 水	未 土	未 土	申 金	地支
甲壬 木水	乙丁己 木火土	乙丁己 木火土	戊壬庚 土水金	藏干
劫財 正印	比肩 食神 偏財	比肩 食神 偏財	正財 正印 正官	副星
死 49-64	養 33-48	養 17-32	胎 1-16	十二運星
孤辰	寡宿 華蓋	寡宿 華蓋	劫煞 紅豔 天乙貴人	特星神煞

乙←剋→己

亥←半三合→未（月）

亥←半三合→未（日）

未←害→申

76-85	66-75	56-65	46-55	36-45	26-35	16-25	6-15	歲
辛亥	壬子	癸丑	甲寅	乙卯	丙辰	丁巳	戊午	大運

格局：偏財格

血型：AB

空亡：寅卯辰巳

喜用神：木水

忌神：土

星座：獅子座

103 (47歲)	100 (44歲)	97 (41歲)	94 (38歲)	91 (35歲)	年
甲 劫財 午 食神	辛 七殺 卯 比肩	戊 正財 子 偏印	乙 比肩 酉 七殺	壬 正印 午 食神	干支
天狗	龍德	五鬼	太陽	天狗	神煞
104 (48歲)	101 (45歲)	98 (42歲)	95 (39歲)	92 (36歲)	年
乙 比肩 未 偏財	壬 正印 辰 正財	己 偏財 丑 偏財	丙 傷官 戌 正財	癸 偏印 未 偏財	干支
病符	白虎	小耗	喪門	病符	神煞
105 (49歲)	102 (46歲)	99 (43歲)	96 (40歲)	93 (37歲)	年
丙 傷官 申 正官	癸 偏印 巳 傷官	庚 正官 寅 劫財	丁 食神 亥 正印	甲 劫財 申 正官	干支
太歲	福德	歲破	太陰	太歲	神煞

命盤 2

以上命盤2之日干爲乙，所以此人的個性就會如乙（陰木）所述，身體毛病部分也可參考注意。

乙（陰木）：

爲柔弱之木，喜當幕後老闆，善參謀、謀略高，較爲沉著並懂得順勢而上，有彈性，行事喜歡默默進行不欲人知，不愛出名，喜暗鬥，不喜明取，適合做導演、策畫。

喜歡思考，好交友，朋友多，溫和謙柔並懂蓄勢待發，爲攀藤類。最好依附在甲木邊或土邊，容易疲勞及脖子酸痛，須注意頭、肝、膽、胃。乙木表面柔弱，臉皮薄不會刻意表達，怕熱（源自木生火），所以有哪邊涼快哪邊站的特性，但內在韌性極強，通常乙木適應力較佳，故身處苦境亦可以生存，喜附合他人並甘願做配角，不愛出頭，寧選擇默默策畫做出成績，一步一腳印的做法，不須刻意教育，只須放根竹竿（目標）在其旁任其攀延，自然會朝目標順利前進，但須先取得其認同感。

乙木要注意手指頭，卯本十指肝臟，卯爲乙木，要保養十指，否則易臨老時手指麻痺或中風傾向，另注意脾、胃，木剋土，土主脾、胃，肝及脾、胃不好就賺不到錢，屬木者要習定，以免三心二意取捨不定終難成事。

特性：

一、不喜歡受人管、心軟，因過分仁慈而害了自己。

二、喜歡當幕後老闆，如果受僱上班如不受重用會很鬱悶。

三、當老闆不適合在前面衝刺「會有氣無力」，適合幕後計畫、設計。當幕僚、軍師類的工作。

四、想做的事情還沒成功前會默默做，不會事先講，做錯了會推在一旁，當作沒一回事，如果做對了會跳出來承認是我做的、我設計的。

五、心不要想太多，單獨專一從事一項工作一定會成功，一定會賺錢。

六、遇挫折阻礙不會就此退縮，會以更多方法應對。

乙木：請注意可能會有「肝、頸」方面的疾病，假如眞的有，建議你每年要定期做健康檢查。

以下就請各位讀者自行印出相關朋友之命盤做按圖施工的批命工作

命盤之日干為丙，所以此人的個性就會如丙（陽火）所述，身體毛病部分也可參考注意。

丙（陽火）：

熱情、熱心喜歡照顧別人，有愛心、有禮貌，個性積極，好權勢並好色，另好名也好客。內心豐富而不善於表達於外，但交友廣闊滿天下，可惜知心無幾人，性格不拘小節、大而化之，為朋友的忠實聽衆，但聽後常不當一回事，且易這耳進那耳出，易發脾氣，卻也收得快，須注意心、血壓、小腸、眼睛及肩的問題。

丙火走到哪就散發熱力到哪，易吸引他人注意，尤一上台引起所有焦距，極適合當台上之人（公衆人物），雖為最佳聽衆，卻在聽完之後不善分析好與壞，因火為上炎，往往因其喜熱鬧特性而不知如何妥善收場則為不善收斂，單獨一人時亦感孤獨，卻對他人照耀無窮。火除了光度以外沒有實質的表象，故在細膩處不刻意，給人大而化之的感覺，丙火極有愛心，往往是最佳義工。

特性：

一、爲人熱情有禮，有口無心，不拘小節，不堪別人諷刺。
二、發脾氣快、消氣也快，記性不好，常心不在焉。
三、記性較差、較易遺忘（沒頭神），做事最好有記錄。天生公關人才。
四、會太溺愛小孩及部屬，沒心機，人人好，喜照顧別人。
五、很認眞聽講，但頭殼易想其他事，公關能力強。
六、遇如丙辛合（威制之合）將軍格，講話會特別大聲、會更兇。
七、不會對他人說推辭的話（不會拒絕別人）。

丙火：請注意可能會有「小腸、肩膀、血壓」方面的疾病，假如眞的有，建議你每年要定期做健康檢查。

以下就請各位讀者自行印出相關朋友之命盤做按圖施工的批命工作

命盤之日干爲丁，所以此人的個性就會如丁（陰火）所述，身體毛病部分也可參考注意。

丁（**陰火**）：

有禮貌，知禮敬長，疼惜晚輩，爲人熱心，喜照顧、關懷別人，且熱心公益，外表沉穩、內心急躁，易樹敵，有第六感，直覺性強能洞察人心，重視第一印象且會靜觀其變，但有個有趣的特點，看別人很準確往往看不清楚自己。

內心感情豐富且不善表達於言詞，善忌妒，人稱悶騷型，須注意心、血壓、小腸、眼睛等問題。丁火爲陰火，燃燒自己照亮別人，很容易看到外界是非，像手電筒般的無心就可以看到別人的事情，因此不想當是非人卻容易捲入是非中，也因此容易洞察人心，特性是一旦翻臉就像翻書一樣，感覺敏銳，丁火記憶力強，與丙火不同的是，丙火爲重點式記憶，丁火則爲細節式法。其本身就像一盞明燈，爲文明的象徵，屬火好恨故容易傷心，因其恨鐵不成鋼，要以水的心態來化解，屬火者要虛心並懂得沉澱自己爲上策。

特性：

一、沉著、重直覺，會選擇性記憶。

二、遇事情會先觀察、靜靜聽講，清楚後再表達意見。

三、遇事情外表不急內心急，有禮貌、熱情。

四、看人較準確，對不喜歡的人會不理睬，對喜歡的人非常好。

五、當討厭平常喜歡的人時，很難恢復昔日感情，用「起毛子」在做事情。

六、最會帶別人的小孩，太溺愛自己的孩子。

七、敏感性佳，具第六感，不喜被太親近。

八、常被最親近的人害了。

丁火：請注意可能會有「心臟、血壓」方面的疾病，假如眞的有，建議你每年要定期做健康檢查。

以下就請各位讀者自行印出相關朋友之命盤做按圖施工的批命工作

命盤之日干爲戊，所以此人的個性就會如戊（陽土）所述，身體毛病部分也可參考注意。

戊（陽土）：

固執不自覺，易堅持己見，但富同化力，會將他人思想同化之，外柔內剛、易親易離，沉著具雅量，易沉於情慾之中，善於照顧別人，心腸慈悲，適應力強且逆來順受，總默默耕耘可惜經常不受賞識，故常有懷才不遇之感，爲人重誠信，憎恨不守信用之人，行事墨守成規且較收斂，性格成熟，適做文書，須注意胃、脾及腹部的毛病。戊土爲陽土，其特性爲高山之土，因近太陽故爲燥土，外表沉靜時則內心急躁，因其爲高山土不易被挖掘，但實則內在豐富，土主信，信能四端（木火金水）包天下，戊土固執因其喜歡舊事物，也不喜歡搬遷，但承諾別人則會守信到底，絕不拖拉。

特性：

一、做到流汗被嫌到流涎，個性率直，直話直說，有包容心。

二、工作表現好不易被發覺，如果摸魚偷懶馬上被逮到。

三、喜歡受稱讚，固執重承諾，滿腦想賺四方的錢。
四、自己常有懷才不遇的感覺，最後乾脆自己當老闆。
五、爲人講信用，不喜歡被騙或被爽約。
六、執著、固執，事情慢慢做最後會成功，比較不會攀親帶故。
七、嫉妒心強，認爲他人總沒有自己做得好。
八、喜歡他人讚美，不喜被批評。
九、天生總務人才。
十、嫉妒心起，且會明白表達對對方的不滿。
十一、對他人要求要準時，卻不一定要求自己準時。

戊土：請注意可能會有「胃、肋骨（身體軀幹兩側、自腋下至肋骨盡處）」方面的疾病，假如眞的有，建議你每年要定期做健康檢查。

以下就請各位讀者自行印出相關朋友之命盤做按圖施工的批命工作

命盤之日干爲己，所以此人的個性就會如己（陰土）所述，身體毛病部分也可參考注意。

己（陰土）：

固執亦不自覺，易堅持己見，爲人重義氣並善理事，好溝通，會黏人，外表溫和、內帶猜忌且叛逆，包容性強但也常感懷才不遇，講信用，須注意脾、胃、腹部。

己土爲濕土，其可塑性強，就像黏土一樣易塑造，其雖固執但給予方向後即可堪造成器，此爲其特性。己土交友廣闊，三教九流皆有，因其黏人特性故交友層面不受限且寬廣，若己土八字命盤中有帶乙木，此己土則具有一個山頭又打過一個山頭，爲善打天下之人，土不畏木盛不畏水狂，但切記要叮嚀以免拖拉特性顯現。其好怨，因覺四端因其而生卻不受重視，與其願不若轉換心態方法，只須以信及愛心去幫助需要之人，與人謀而忠之與人交而久之。屬土者缺乏安全感，所以要學會安心。

特性：

一、做到流汗被嫌到流涎，有叛逆的個性，較會抱怨、善猜忌。

二、工作表現好不易被發覺，如果摸魚偷懶馬上被逮到。

三、非普通的固執，無法形容的固執與堅持（寧願將錯就錯），有包容心。

四、喜歡受稱讚，主觀意識強，四方的錢都想賺。

五、自己常有懷才不遇的感覺，最後乾脆自己當老闆。

六、平常易怯場，有事才會找朋友，但喝酒後就不一樣。

七、嫉妒心強，但不易透露。

八、不喜他人比自己好。

九、天生總務人材。

十、最講信用也是最不講信用。

己土：請注意可能會有「脾、腹」方面的疾病，假如真的有，建議你每年要定期做健康檢查。

以下就請各位讀者自行印出相關朋友之命盤做按圖施工的批命工作

命盤之日干為庚，所以此人的個性就會如庚（陽金）所述，身體毛病部分也可參考注意。

庚（陽金）：

講義氣，是非分明、果斷勇決，強行不屈、不畏困難，不畏強勢，言行喜歡直來直往、有話直說，不喜歡拐彎抹角，作為非常強勢，對事件的批評喜歡單刀直入，故易得罪人，個性不拘小節，卻眼光犀利、感覺敏銳，氣魄佳、好權勢、好鬥爭，尤以申酉月生者更甚。目美音佳皮膚白皙，外表貴氣，性格內斂且無心機。通常為白手起家，應注意筋骨及肺、支氣管、大腸、牙齒等問題。庚金說話直接，直指重點，其像大斧的特性，往往說出重點卻不知已得罪他人，屬金者多白手起家，因喜歡親力親為，若八字命盤土多則較難出頭，但若火來旺金，則加添柔軟度轉能伸能屈。

特性：

一、講義氣，不喜歡欠別人人情，說話直接，不拘小節，刀子嘴豆腐心。常因過分講義氣害死自己。

二、容易輕易答應別人，決定事情太草率、太快、考慮不周，容易吃虧。

三、不欠人情，吃軟不吃硬，吃飯都先去付帳，煩惱多、喜歡乾淨。

四、沒有錢不太敢出門，個性果斷，感覺敏銳，不畏強權。

五、外表看似粗枝大葉，但是心思確是很細膩。

庚金：請注意可能會有「大腸、臍輪」方面的疾病，假如眞的有，建議你每年要定期做健康檢查。（釜頭金、大塊金）

以下就請各位讀者自行印出相關朋友之命盤做按圖施工的批命工作

命盤之日干爲辛，所以此人的個性就會如辛（陰金）所述，身體毛病部分也可參考注意。

辛（陰金）：

剛義勇邁，上進不虛榮，耐力佳，行事循序漸進，追求理想不遺餘力，重意氣，拘小節，眼光犀利、感覺敏銳，溫文儒雅較柔性婉約，有氣質、有貴氣，口才佳。

白手起家，一生爲金錢煩惱（有錢無錢均煩），應注意筋骨、肺、支氣管、大腸、牙齒等毛病。

辛金非常神經質，睡眠品質欠佳，晚上難入眠，要保暖，辛屬氣節變化，萬物凋零，辛者言萬物之辛苦（新生），相別於庚金大斧的特性，辛金像扁鑽一樣，威力有其，一旦發揮其特質會冷嘲熱諷令人難受，其命有兩極化，不是大好就是大壞，辛金喜歡論斷對錯，適走法律，須以中庸之道化解，屬金者實際，但會受熱度不同有不同表現，處理事情宜三思而後行。

特性：

一、講義氣，不喜歡欠別人人情。

二、容易輕易答應別人，決定事情太草率、太快、考慮不周，容易吃虧。

三、講話銳利但較有氣質，對事情想太多、假設太多，煩惱過度，較無力承擔。

四、眞的對人家太好了，講話不會直接切入重點。

五、口才一流，常會因爲拐彎抹角而傷人，有神經質傾向，勞碌命，喜乾淨。天生愛錢如命，善嘮叨。

辛金：請注意可能會有「肺、屁股」方面的疾病，假如眞的有，建議你每年要定期做健康檢查。

以下就請各位讀者自行印出相關朋友之命盤做按圖施工的批命工作

命盤之日干爲壬，所以此人的個性就會如壬（陽水）所述，身體毛病部分也可參考注意。

壬（陽水）：

才智高，理性佳，重責任，交際廣，人緣佳，能見風轉舵，反應靈敏善算計，外表平靜膽大心細，事業容易有成就，好求變，易激動定性差，個性不服輸，做事大而化之，其爲最佳業務員（適應力及韌性皆強），走運時企圖心強似淹沒村莊，如海洋般大水滔滔不絕，但易聰明反被聰明誤。應注意膀胱和腎（泌尿系統）。壬水如大海般，行事前工具要準備充足，壬水喜歡賺大錢（山管人丁水管財），其有高度的才華及崇尚自然。

特性：

一、非常聰明會讀書，但只相信自己，不易相信別人（尤其是帶食傷）。

二、見風轉舵、見危險即閃開，錯誤機會則較少，較不會接受別人的意見。

三、賺錢快、虧錢也快（因不易相信別人），做事野心大，成功機會也高。

四、不喜歡被約束，人緣好，果斷力強，脾氣過了就算。

五、小時候除非貪玩，不然都很會讀書。

六、人緣好，做人圓滑不易得罪人。

七、做事直接快速，欠缺慎思、多慮，故易壞事。

壬水：請注意可能會有「膀恍、脛」方面的疾病，假如眞的有，建議你每年要定期做健康檢查。

以下就請各位讀者自行印出相關朋友之命盤做按圖施工的批命工作

命盤之日干爲癸，所以此人的個性就會如癸（陰水）所述，身體毛病部分也可參考注意。

癸（陰水）：

聰明，看似平靜其實內心澎湃洶湧，巧於臨機應變，有遠見細水長流，個性內向保守，節儉，有潔癖，正直而踏實，相對而言，也顯得感情脆弱，有點神經質，喜歡幻想，擁有浪漫情懷。交際廣人緣佳，善於經營事業也很容易成功。

如小溪流般彎彎曲曲故容易想太多，某些時候會很直，但也會聰明反被聰明誤，應注意膀胱、腎、足的毛病。癸水似溪水一般，頭腦清楚，但因其溪流彎曲特性，故流遍四處於是滄桑於心，其忍功一流，如滴水穿石。

其本身平衡感較差，水的出竅孔在耳朵，容易失去平衡感。癸水超愛乾淨，反而容易生病（因不能融入別的菌）。其行事及企畫，因其多元性，亦是個時事家，喜歡瀏覽時事資訊，其好煩，大小事都要管，當腎及心臟不好就賺不到錢，最重要要懂得捨，捨得捨得捨得，捨得一切眞得眞。

特性：

一、個性內向，善忍，事業易成，人緣佳善交際，非常聰明，但只相信自己，不易相信別人（尤其是帶食傷）。

二、見風轉舵、見危險即閃開，錯誤機會則較少。

三、有生意頭腦，賺錢快、虧錢也快（因不易相信別人），走路易翻腳刀。

四、外冷內熱，要做就要做到最好，主觀意識濃，善計謀。

癸水：請注意可能會有（腎臟、足、掌）方面的疾病，假如眞的有，建議你每年要定期做健康檢查。

第二節　用天干日元來論身體狀況

運用八字中的天干來論斷先天病因，以下標示的部位比較會出問題，身體上如經檢查出有相似的狀況，請先到醫院檢查。

以八字的日元（天干）爲基準

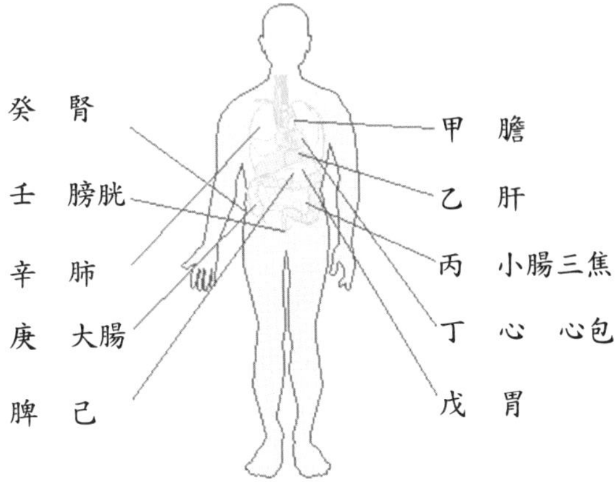

三焦：中醫特有名稱，爲六腑之一，是水液運行的道路，總司全身體液氣化功能。

一、上焦：橫膈以上的胸部（包括心臟、肺臟），和頭、面部及上肢等。

二、中焦：橫膈以下、肚臍以上的腹部，即從胃的上口（賁門）至胃的下口（幽門），包括脾、胃、肝、膽。

三、下焦：肚臍以下的小腹部，包括小腸、大腸、胃臟、膀胱等。

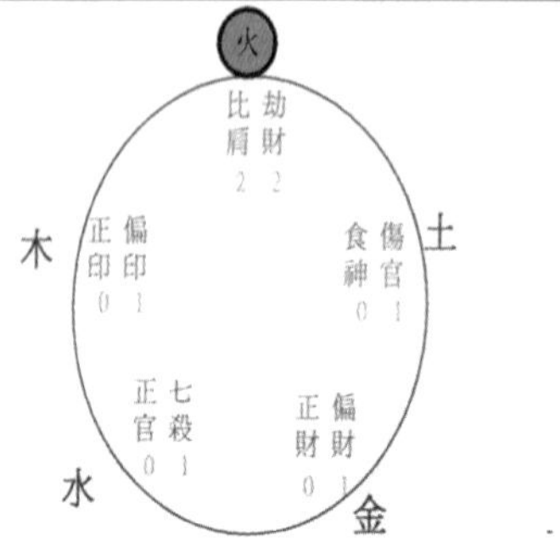

日干強弱：身弱
体檢天干：丙
体檢地支：亥
体檢宅命：兌命
用神：土金水
忌神：火木
血型：A
空亡：辰巳寅卯

103 (59歲)	100 (56歲)	97 (53歲)	94 (50歲)	91 (47歲)	年
甲 偏印 午 劫財	辛 正財 卯 正印	戊 食神 子 正官	乙 正印 酉 正財	壬 七殺 午 劫財	干支
天狗	龍德	五鬼	太陽	天狗	神煞
104 (60歲)	101 (57歲)	98 (54歲)	95 (51歲)	92 (48歲)	年
乙 正印 未 傷官	壬 七殺 辰 食神	己 傷官 丑 傷官	丙 比肩 戌 食神	癸 正官 未 傷官	干支
病符	白虎	小耗	喪門	病符	神煞
105 (61歲)	102 (58歲)	99 (55歲)	96 (52歲)	93 (49歲)	年
丙 比肩 申 偏財	癸 正官 巳 比肩	庚 偏財 寅 偏印	丁 劫財 亥 七殺	甲 偏印 申 偏財	干支
太歲	福德	歲破	太陰	太歲	神煞

姓名			性別	女
西元	1956 年			
11	5	12	45	國曆
11	4	11	45	農曆
時	日	月	年	日期
偏印	日元	傷官	比肩	主星
甲 木	丙 火	己 土	丙 火	天干
午 火	午 火	亥 水	申 金	地支
己丁 土火	己丁 土火	甲壬 木水	戊壬庚 土水金	藏干
傷劫官財	傷劫官財	偏七印殺	食七偏神殺財	副星
49-64	33-48	17-32	1-16	歲運
事業家庭 人際關係 子孫學生 部屬員工	本人 外在個性	兄弟 姊妹 父親 朋友同輩	祖先 父親 上司長輩 上流人士	由天干看
事業家庭 人際關係 子孫學生 部屬員工	配偶 創業機運	本人 內在特性	母親 祖先 上司 長輩	由地支看

（天干：甲←合→己；地支：時午←刑→日午，亥←害→申）

命盤 3

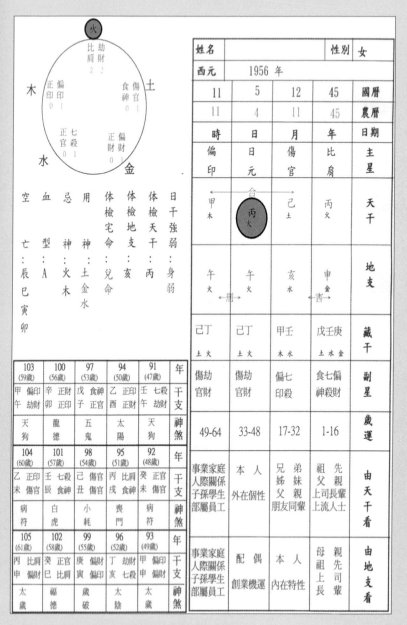

以命盤3的命盤顯示此人日干屬（丙火），且火太旺就會有屬火的現象如2項及7項所述

【五行與健康運勢】

每一個人與生俱來的五行氣：木、火、土、金、水，若有所欠缺，或太多（一種五行氣三個或三個以上）時，就無法與存於天地間的五行氣相互感應，也就是無法圓形運轉，災禍危難必然趁虛而入，不但影響運勢更與健康息息相關。

1.日干屬木或缺木或木太多者	易疲勞，膽、肝等免疫系統。
2.日干屬火或缺火或火太多者	心臟、血管、血壓等循環系統以及眼睛、小腸。
3.日干屬土或缺土或土太多者	腸、胃等消化系統以及腹、脅。
4.日干屬金或缺金或金太多者	肺、氣管、喉嚨等呼吸系統以及牙齒、筋骨、大腸。
5.日干屬水或缺水或水太多者	膀胱、腎臟等泌尿系統以及子宮、卵巢等生殖系統。

6. 木	甲木	膽	表企圖心	好怒	戒怒	傷肝	宜戒怒取定
	乙木	肝					
7. 火	丙火	小腸	表熱忱心	好恨	戒恨	傷心	宜戒恨取靜
	丁火	心					
8. 土	戊土	胃	表自信心	好怨	戒怨	傷胃	宜戒怨取安
	己土	脾					
9. 金	庚金	大腸	表收斂心	好惱	戒惱	傷肺	宜戒惱取慮
	辛金	肺					
10. 水	壬水	膀胱	表多元心	好煩	戒煩	傷腎	宜戒煩取得
	癸水	腎					

十天干與身體部位關係：以八字的日元爲基準，八字日元（天干）中是哪一個字，就表示以下所標示的部位較會有問題。如果眞的有問題請盡速至到醫院檢查

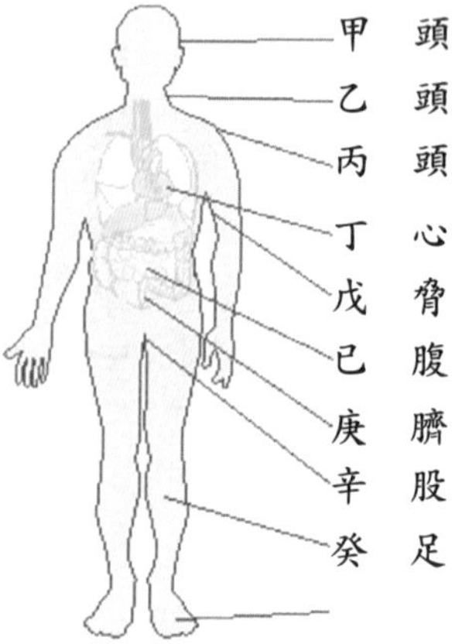

脛神經：坐骨神經從骨盆腔由大坐骨切跡處穿出骨盆，走在大腿後側，到了膝後附近，又分枝爲腓總神經和脛神經。脛神經走在小腿後側深層。

第三節　以十天干看個性優缺點

經整理後得知一個人單由日干即可來論斷一個人的優缺點，參考參考

※日主天干五行特性及人格分析簡表

天干	五行			優點	缺點
甲	木			富有向上學習心，有毅力，正直不馬虎，不輕薄能助人，能體諒人，有責任感。	不知妥協變通，欠缺敏捷性，會過於主觀，會過度干涉別人，在超過臨界點後會崩潰。
乙	木			柔順溫和，有豐富表現力，敏捷反應快，具有協調性，不會堅持己見，善於理財，有最佳情緒管理能力，韌性超強。	易見風轉舵非常現實，內心佔有慾強，較有心機。易失去信心，怯懦、依賴，經不起誘惑而受騙。容易三心二意，心軟，沒主見。
丙	火			開朗，直爽，慷慨不計較，待人親切，理解力強，精力充沛，做事積極，易得人好感。	性急易衝動，性情飄忽不定，喜怒無常，有時慈悲有時自大，較善變而三心二意。
丁	火			溫和有禮而熱情，思慮遠，行事謹慎，能奉獻犧牲自己，不易表達內心情感。	不善拒絕別人，凡事猶豫不決，易猜忌懷疑，易聰明反被聰明誤。
戊	土			豁達穩重耿直，樂天不善修飾，對事合情入理而有計畫條理，重感情肯助人。	任性頑固，以自我爲中心，欠缺通融性，無趣不浪漫，喜好奉承，好面子，不主動。

己	土			理解吸收快，具有多種才能之人，能深入了解問題，有彈性不固執，喜歡充實學習。	內心較複雜矛盾，心思較不易集中而茫然失措，有消極妥協之傾向，容易被人利用。
庚	金			剛毅不服輸，積極果斷，富有正義感，不虛僞，能表現，口才善辯。	率直易得罪人，衝動易與人衝突，自我表現慾強，對事粗率不細心。
辛	金			對事敏感細膩，爲人親切有同情心，喜歡創新，人際關係好，且善惡分明，時有獨特想法。	好慕虛榮爭面子，任性，在乎外表，易貪求而失理性，意志薄弱經不起要求和打擊。
壬	水			率性自由，悠閒而樂觀，有勇氣，智慧聰明，能面對困難不退縮，文武雙全有領導能力。	雖圓融但稍有任性，益有怠惰而生依賴，對事不易堅持而虎頭蛇尾，對異性感情心思過多。
癸	水			重視規則及道德，有潔癖，內向，具有勤奮努力和耐力，思想純眞，溫和、細膩、冷靜。	較拘泥，易幻想不切實際，易生悲觀，感情脆弱，有點神經質，重生活情趣。

【天干與五行】

十天干	五行	五方位	五顏色	季節
甲乙	木	東	青	春
丙丁	火	南	紅	夏
戊己	土	中央	黃	四季
庚辛	金	西	白	秋
壬癸	水	北	黑	冬

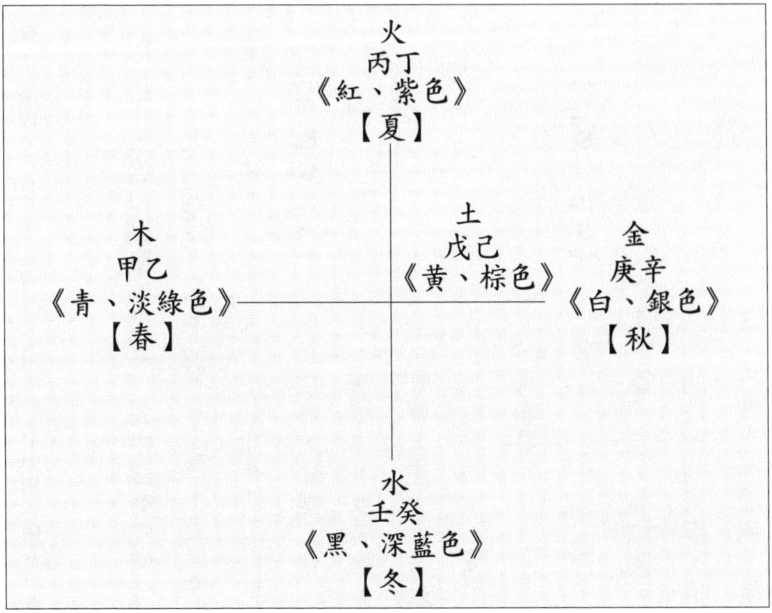

天干五行、方位、顏色、季節方位表

第四節　以八字天干合化所產生的結果，如下所述

以天干五合來判斷一個人一生中該有的特性

一、天干五合：又稱爲鴛鴦之合，有異性緣，較容易相處，較能接納他人，但往往缺乏主見，容易隨波逐流。天干中剋而有情，且見數爲五者組合。

【甲己合化土】：中正之合，正義之合。甲爲己之官，己爲甲之財。

1、講信用，重信用，較固執。

2、好好先生，不會亂來，不會說好聽的話。

3、一板一眼，不懂生活情趣，不解風情。

4、人緣很好。

【乙庚合化金】：仁義之合，正義之合。庚爲乙之官，乙爲庚之財。

1、重義氣，有仁德，剛強個性，果斷力強。

2、個性剛強果斷，積極進取。

3、不懂生活情趣，重視規律。

4、人人好，不會去得罪別人，看到不高興的會忍下來。

【丙辛合化水】：威制之合。丙爲辛之官，辛爲丙之財。

爲人人緣好（易偷情）重情趣，氣質好，愛名牌，愛別人聽他的。

1、個性強，儀表威嚴。

2、重情趣，重視心靈的感受。

3、氣質好，很聰明。

4、喜歡年輕的異性。

5、如果地支逢沖，容易縱情縱慾。

【丁壬合化木】：淫暱之合。壬爲丁之官，丁爲壬之財。

心軟、注重穿著、較無心機、人緣好

1、重品味，風情萬種，婀娜多姿，心地善良。

2、講究穿著，非常有異性緣。

3、重情調，懂生活情趣。

4、心慈性善，長命多壽。

【戊癸合化火】：無情之合。戊爲癸之官，癸爲戊之財。

爲人重情調，翻臉像翻書，做人阿莎力（比較會有一夜情）。

夫妻選擇易有女大男小，或年齡差距較大。

1、容易翻臉，易生氣，氣過就算。

2、喜歡成熟的異性，本身外型也不錯。

3、重情趣，但無情，給人有點冷漠　的感覺。

4、不要激怒他，激怒他什麼都不用說。

5、冷靜理智，禮節周到，也較現實。

日干強弱：身弱
体檢天干：己
体檢地支：辰
体檢宅命：巽命
用神：土火
忌神：金
血型：0
空亡：子丑寅卯

姓名			性別	女
西元	1980 年			
11	6	4	69	國曆
11	21	2	69	農曆
時	日	月	年	日期
傷官	日元	傷官	傷官	主星
庚 金	己 土	庚 金	庚 金	天干
午 火	酉 金 ←合→	辰 土 ←半三合→	申 金	地支
己丁 土火	辛 金	癸乙戊 水木土	戊壬庚 土水金	藏干
比肩 偏印	食神	偏財 七殺 劫財	劫財 正財 傷官	副星
49-64	33-48	17-32	1-16	歲運
事業家庭 人際關係 子孫學生 部屬員工	本人 外在個性	兄弟 姊妹 父親 朋友同輩	祖先 父親 上司長輩 上流人士	由天干看
事業家庭 人際關係 子孫學生 部屬員工	配偶 創業機運	本人 內在特性	母親 祖先 上司 長輩	由地支看

103 (35歲)	100 (32歲)	97 (29歲)	94 (26歲)	91 (23歲)	年
甲 正官 午 偏印	辛 食神 卯 七殺	戊 劫財 子 偏財	乙 七殺 酉 食神	壬 正財 午 偏印	干支
天狗	龍德	五鬼	太陽	天狗	神煞
104 (36歲)	101 (33歲)	98 (30歲)	95 (27歲)	92 (24歲)	年
乙 七殺 未 比肩	壬 正財 辰 劫財	己 比肩 丑 比肩	丙 正印 戌 劫財	癸 偏財 未 比肩	干支
病符	白虎	小耗	喪門	病符	神煞
105 (37歲)	102 (34歲)	99 (31歲)	96 (28歲)	93 (25歲)	年
丙 正印 申 傷官	癸 偏財 巳 正印	庚 傷官 寅 正官	丁 偏印 亥 正財	甲 正官 申 傷官	干支
太歲	福德	歲破	太陰	太歲	神煞

命盤 4

在命盤4命盤中有看到天干中有三個庚

查下表中得知一生中較多財多祿

在本命四柱中天干如有以下的情形，一生中就有可能有以下現象

天干字連三同

甲：較易獨守空房　己：多才多藝
乙：災禍較難抵擋　庚：多財多祿
丙：人老以後孤獨　辛：較難昌榮
丁：婚姻較難成局　壬：家業興盛
戊：意外事件特多　癸：它鄉意外

天干連四同

甲：少妻少子　己：爲人忠厚
乙：多災多難　庚：遠走他鄉
丙：子媳空缺　辛：人可長壽
丁：壽命長久　壬：人可富貴
戊：人緣孤立　癸：易遭火災

第三章

運用八字的月支來論斷性情與身體狀況

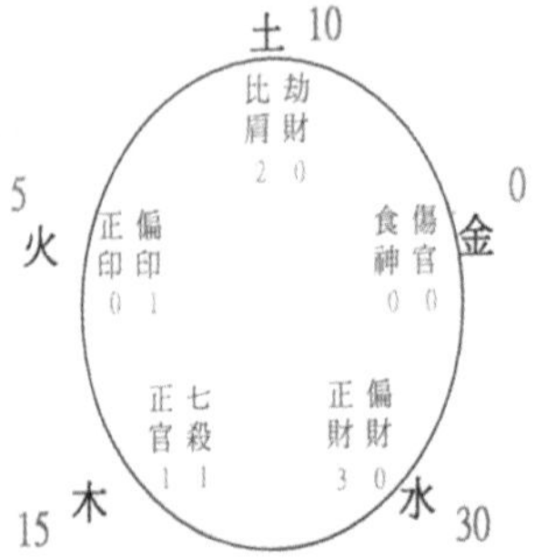

星座：射手座

忌神：水木

喜用神：土火

空亡：辰巳午未

血型：0

格局：正財格

姓名		性別	男	
西元	1963 年			
8	11	12	52	國曆
8	26	10	52	農曆
時	日	月	年	日期
偏印	日元	七殺	正財	主星
丙 火	戊 土	甲 木	癸 水	天干 (戊癸：合；戊甲：剋)
辰 土	子 水	子 水	卯 木	地支 (刑、半三合、半三合、刑、害)
癸乙戊 水木土	癸 水	癸 水	乙 木	藏干
正財 正官 比肩	正財	正財	正官	副星
冠帶 49-64	胎 33-48	胎 17-32	沐浴 1-16	十二運星
華蓋 紅豔	六秀日 將星 飛刃	將星 飛刃		特星神煞

72-81	62-71	52-61	42-51	32-41	22-31	12-21	2-11	歲
丙辰	丁巳	戊午	己未	庚申	辛酉	壬戌	癸亥	大運

103 (52歲)	100 (49歲)	97 (46歲)	94 (43歲)	91 (40歲)	年
甲 七殺 午 正印	辛 傷官 卯 正官	戊 比肩 子 正財	乙 正官 酉 傷官	壬 偏財 午 正印	干支
太陰	太歲	福德	歲破	太陰	神煞
104 (53歲)	101 (50歲)	98 (47歲)	95 (44歲)	92 (41歲)	年
乙 正官 未 劫財	壬 偏財 辰 比肩	己 劫財 丑 劫財	丙 偏印 戌 比肩	癸 正財 未 劫財	干支
五鬼	太陽	天狗	龍德	五鬼	神煞
105 (54歲)	102 (51歲)	99 (48歲)	96 (45歲)	93 (42歲)	年
丙 偏印 申 食神	癸 正財 巳 偏印	庚 食神 寅 七殺	丁 正印 亥 偏財	甲 七殺 申 食神	干支
小耗	喪門	病符	白虎	小耗	神煞

命盤 5

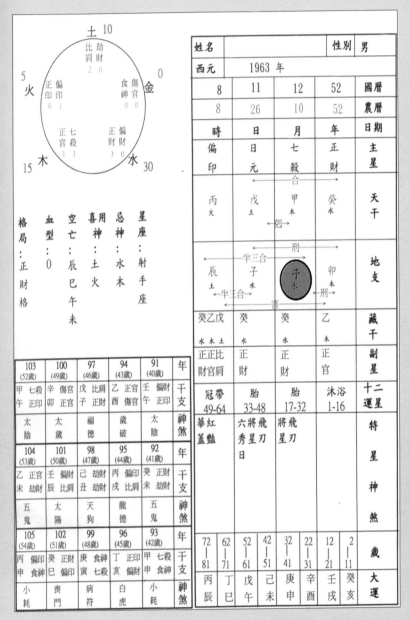

第一節　以月支看個性優缺點

地支共有十二個字：子、丑、寅、卯、辰、巳、午、未、申、酉、戌、亥。

首先以八字之月令（也就是月支）是哪一個字，直接由以下十二地支的各個特性來論其一個人的個性及特性，以命盤5之命盤月支爲「子」所以此人的個性，就如子（水）所述，身體毛病部分也可參考注意，診斷標的以八字月支爲主，依八字月支可診斷出你可能會有以下的特性，好的請保持，不好的請儘快改進。

命盤之月支爲子，所以此人的個性就會如子月所述，身體毛病部分也可參考注意。

子月（鼠爲代表）：屬水，機靈精算

善於保護自己，個性極端，反覆不定、捉摸不定。太會盤算，常因小利而忽略大格局，易聰明反被聰明誤。機警狡猾，聰明絕頂，善變，有始無終。做決定容易比人慢，損失很多機會，猶豫不決。晚上生的鼠可保衣食無憂，白天出生的容易陷入困頓，若陷入往往很難脫困。

特性：

一、對事情的決定常左右爲難、猶豫不決、翻來覆去決定後常變卦。
二、非常聰明、反應很快，事情做了後悔、不做也後悔。
三、訓練自己事情決定了就不要後悔，會比較好過，膽小警覺性高。
四、心思一日多變，故事業難以定根。

子：陽水，請注意可能會有「膽、泌尿系統」方面的疾病，假如眞的有，建議你每年要定期做健康檢查。

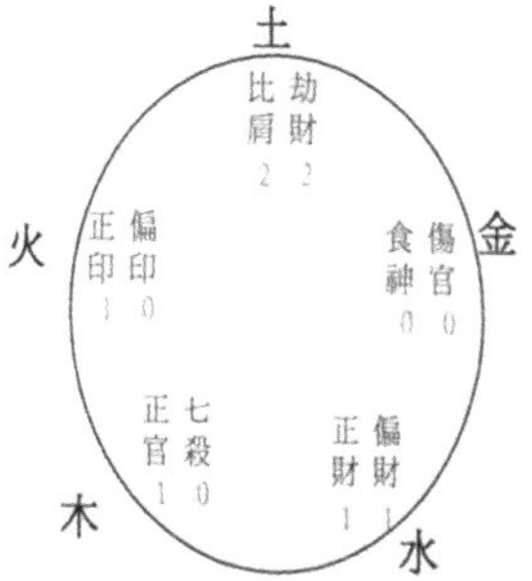

日干強弱：身弱
体檢天干：己
体檢地支：丑
体檢宅命：坤命
用神：金木
忌神：土火
血型：A
空亡：辰巳戌亥

103 (52歲)	100 (49歲)	97 (46歲)	94 (43歲)	91 (40歲)	年
甲 正官 午 偏印	辛 食神 卯 七殺	戊 劫財 子 偏財	乙 七殺 酉 食神	壬 正財 午 偏印	干支
太陰	太歲	福德	歲破	太陰	神煞
104 (53歲)	101 (50歲)	98 (47歲)	95 (44歲)	92 (41歲)	年
乙 七殺 未 比肩	壬 正財 辰 劫財	己 比肩 丑 比肩	丙 正印 戌 劫財	癸 偏財 未 比肩	干支
五鬼	太陽	天狗	龍德	五鬼	神煞
105 (54歲)	102 (51歲)	99 (48歲)	96 (45歲)	93 (42歲)	年
丙 正印 申 傷官	癸 偏財 巳 正印	庚 傷官 寅 正官	丁 偏印 亥 正財	甲 正官 申 傷官	干支
小耗	喪門	病符	白虎	小耗	神煞

姓名		性別	男	
西元	1963 年			
7	26	1	52	國曆
7	2	1	52	農曆
時	日	月	年	日期
劫財	日元	偏財	正財	主星
戊 土	己 土 (合；剋)	癸 水 (剋)	壬 水	天干
辰 土	巳 火 (刑害；半三合)	丑 土	寅 木	地支
癸乙戊 水木土	戊庚丙 土金火	辛癸己 金水土	戊丙甲 土火木	藏干
偏七劫 財殺財	劫傷正 財官印	食偏比 神財肩	劫正正 財印官	副星
49-64	33-48	17-32	1-16	歲運
事業家庭 人際關係 子孫學生 部屬員工	本人 外在個性	兄弟 姊妹 父親 朋友同輩	祖先 父親 上司長輩 上流人士	由天干看
事業家庭 人際關係 子孫學生 部屬員工	配偶 創業機運	本人 內在特性	母親 祖先 上司 長輩	由地支看

命盤 6

以命盤6之命盤月支（丑），所以此人的個性就如丑（土）所述，身體毛病部分也可參考注意。

命盤之月支爲丑，所以此人的個性就會如丑月所述，身體毛病部分也可參考注意。

丑月（牛爲代表）：屬土，本性善良，耐力十足

本性善良，耐力好，喜歡安定，可望有安身立命之處。任勞任怨，勤勞且腳踏實地。脾氣很大，堅持，固執。忍辱負重，隱藏實力，對地理、命理特別敏感，也容易學會。喜追根究底（打破沙鍋問到底），宜越挫越勇（必經挫折才能成長）。

特性：

一、打破砂鍋問到底、追根究底。主觀意識重，做事認眞、好問。
二、容易重提往事（好、壞）都會提。很會查行蹤、翻舊帳。
三、個性比較會碎碎唸。脾氣大，愛鑽牛角尖，任勞任怨。
四、學習速度慢且廣，非學到懂，不易輕易被帶動。
五、自我意識過強，一切以自我爲中心，而做出不自量力之事。

丑：陰土，請注意可能會有「肝、腳」方面的疾病，假如眞的有，建議你每年要定期做健康檢查。

以下就請各位讀者自行印出相關朋友之命盤做按圖施工的批命工作

命盤之月支爲寅，所以此人的個性就會如寅月所述，身體毛病部分也可參考注意。

寅月（虎爲代表）：屬木，能幹耐勞

爲衝動派，好動愛自由，勞碌命，坐不住。不服輸，喜當老大。野心大，愛做大事業。樂觀、積極又仁慈。自我期許高，屬完美主義者。既能幹又肯做事，不怕勞苦，沉著內斂不會推卸責任，單打獨鬥本事高。愛美，不安於室。掌控能力強，爲幕僚高手。若受壓力，會有「虎落平陽被犬欺」的感慨，甚至會傷到自己。缺點是爆發力強，但往往後繼無力，且生性驕傲，明顯固執，不太能接受人家批評。寅月的人適合做行銷。

特性：

一、勞碌命閒不住，太閒時會難過。喜歡當老大，脾氣不好，不喜歡囉嗦。

二、心軟、仁慈，別人只要開口就會答應。

三、愛吃美食、愛吃肉，有責任感與領導格，定下目標一定達成。

四、味口大，喜做大事業。

五、最恨被騙，一被騙恐會發狂。

六、行動快、不好問，故常有溝通不夠，難成事之嘆。

寅：陽木，請注意可能會有「肺、腿」方面的疾病，假如真的有，建議你每年要定期做健康檢查。

以下就請各位讀者自行印出相關朋友之命盤做按圖施工的批命工作

命盤之月支爲寅卯，所以此人的個性就會如卯月所述，身體毛病部分也可參考注意。

卯月（兔爲代表）：屬木，保護色強

智慧高，完美主義者。有衝勁，狡猾善變。有人緣、有桃花，機警，閒不住，防衛性強。不容易顯老，文靜，喜愛乾淨，有潔癖，心地善良。只能接受成功，不能坦然面對失敗，容易有始無終。第六感很強，直覺性敏銳。屬兔的男性善於裝蒜善應對，即使犯錯也不輕易認錯，最適「狡兔三窟」。辦公室戀曲稀鬆平常，常會吃窩邊草。喜歡羅曼蒂克，異性緣佳，容易獲得職場異性的幫助。兔女郎本性善良，爲保護自己，偶爾也會僞裝。

特性：

一、眼睛銳利，對看不順眼或不喜歡的人不理睬、眼光高。

二、卯如帶傷則有潔癖，喜乾淨，家裡的東西喜移動。

三、做事喜歡一口氣做完，工作時不喜歡別人打擾而會中途停頓。

四、心軟、龜毛、人緣好，較會保護自己，較嬌氣會計較。

五、氣質好、品味高，喜歡做高尚的工作或優良公司的事業，能不計較金錢多寡。

卯：陰木，請注意可能會有「大腸、脅（身體驅幹兩側、自腋下至肋骨盡處）」方面的疾病，假如眞的有，建議你每年要定期做健康檢查。

以下就請各位讀者自行印出相關朋友之命盤做按圖施工的批命工作

命盤之月支爲辰，所以此人的個性就會如辰月所述，身體毛病部分也可參考注意。

辰月（龍爲代表）：屬土帶木，個性捉摸不定

喜當老大，非常自負，好高騖遠，喜奉承巴結勢力，亦有桃花緣。思想變化快，點子多、聰明。多半好面子，喜歡被尊重，喜歡人家「說好聽的話」，眼光高，看高不看低（做事不實際）。個性千變萬化，常給人神龍見首不見尾的神秘感。屬龍女性比男性更善變，內心世界不容易被察覺。福報不錯，常化險爲夷。多才多藝，學什麼像什麼，容易有成就，通常有「精神潔癖」的傾向。是事業上好夥伴及熱心助人的好友。

特性：

一、不喜歡受人管束，喜歡當老大，比較喜歡出錢請客、付帳跑第一。

二、神龍見首不見尾，稍不注意即不見人影，想離開時較不會辭行即不見蹤影。做事有頭無尾，愛自由，有藝術天分。

三、主觀意識重，較鐵齒，有第六感，鬼點子多，說話講重點。

四、光說卻未必會去執行。

辰：陽土，請注意可能會有「胃、左右二膊（身體上肢，靠近肩膀的部分）」方面的疾病，假如眞的有，建議你每年要定期做健康檢查。

以下就請各位讀者自行印出相關朋友之命盤做按圖施工的批命工作

命盤之月支爲巳，所以此人的個性就會如巳月所述，身體毛病部分也可參考注意。

巳月（蛇爲代表）：屬火，心思細密聰明

喜歡聊天、好辯不服輸，敏捷好辯又好訴訟。很會鑽研，分析力強，外表冷漠、內心如火，對喜歡的人說話較多。個性冰冷、城府很深，好辯猜疑心重。冷靜沉著有眼光、有遠見，數字概念清楚，善於理財，爲生意上好角色。適合做業務推動。屬蛇女性有一種神秘力量。心思細密，看來聰明，主觀太強，很難約束。包容力大，若觸怒之反撲力量很強。善於自處，且能力相當強。

特性：

一、很沉著、口才非常好、愛說話且說話快，但平時很靜，公關好，性子急。

二、對熟悉、談得來的人很熱情、可促膝長談，對不對味的人一句話都嫌多。遇到挫折就會放棄，沒有持續力。

三、沒有舞台時很靜，有舞台會發揮得很好，話會講得不停、欲罷不能。

四、業務人才，愛抬槓。

五、好勝心強。

六、講話做事不直接，喜拐彎抹角。

巳：陰火，請注意可能會有「脾、肩膀」方面的疾病，假如眞的有，建議你每年要定期做健康檢查。

以下就請各位讀者自行印出相關朋友之命盤做按圖施工的批命工作

命盤之月支為午，所以此人的個性就會如午月所述，身體毛病部分也可參考注意。

午月（馬為代表）：屬火，憨直、性直、膽大

好勝心強，禁不起刺激，受刺激必有回應，口服心不服。急躁，容易被設計。奔波，勞碌，憨直，性直，心腸軟。脾氣很拗，敢衝敢拼，對朋友熱情，喜拍馬屁。很樂觀，喜交際，有人緣。性情不定，好惡分明，喜怒哀樂形於色，易招惹是非。性格奔放喜自由，急躁且欲速則不達，若能修正心性調整處世，越老越有成就。屬馬男性異性緣好，適合從事與女性有關行業，在同業中容易被排擠。屬馬女性多半帶有男性性格，膽子大，多勞操，閒不下來，老年時易變成嘮叨老人。

特性：

一、好勝心強、不認輸、賭性堅強、比較極端。愛聽好話，自戀、愛美。

二、喜歡受誇讚（拍馬屁），好好講，什麼都好、什麼都有。

三、受到刺激時脾氣一發不可收拾，易受人煽動，容易頭痛。

四、午是桃花，女孩子大部分都長得漂亮也愛水，人緣好。
五、好勝心、自尊心強，自卑感重，不善於被批評。
六、第六感好，喜將事情提前做好，逢臨時事時易亂方寸、手腳。

午：陽火，請注意可能會有「心臟、頭」方面的疾病，假如眞的有，建議你每年要定期做健康檢查。

以下就請各位讀者自行印出相關朋友之命盤做按圖施工的批命工作

命盤之月支爲未，所以此人的個性就會如未月所述，身體毛病部分也可參考注意。

未月（羊爲代表）：屬土又屬火，好出風頭，特立獨行

爲人親切，富人情味，一絲不苟，行事謹愼。孝順但不知如何表達，個性膽小，注重外表，喜鑽牛角尖，打破沙鍋問到底，愛生氣。內心喜歡當領導人物，但須依附他人方能成功。對感情專注忠貞。男性屬羊，多半聰明，喜歡表現自己。

特佳：

一、打破砂鍋問到底、追根究底、個性執著。主觀意識重。

二、很孝順，不喜歡別人或配偶批評父母親。重感情、沒有安全感。

三、很會查行蹤、翻舊帳，膽小、有領導能力但表現不出來。

四、遇到事情主觀意識重，喜別人認同自己想法，卻不明說己願。

五、當他人意思無法如同所想，則不斷以問題扭轉對方觀念，促其共識己意。

未：陰土，請注意可能會有「小腸、肩膀」方面的疾病，假如眞的有，建議你每年要定期做健康檢查。

以下就請各位讀者自行印出相關朋友之命盤做按圖施工的批命工作

命盤之月支爲申，所以此人的個性就會如申月所述，身體毛病部分也可參考注意。

申月（猴爲代表）：屬金，機靈過人

好動、有衝勁，重義氣，坐不住，沒一時閒著。善模仿，學習能力強，但只有三分鐘熱度，沒耐心。猴急，狡猾善變，喜走捷徑。觀察力敏銳，心思細膩，富機智，能力強，但欠缺穩重。喜歡招搖帶點風騷，異性緣好，希望自己是群體中最受注目的焦點。屬猴女性頗有女人味。

特性：

一、急性子。沒耐心等待，想到就做，較沒心機。

二、講話銳利、嘴快兩三句話就解決，易傷人自己卻不知道，喜歡講重點。

三、學習能力強，靜不下來，重朋友，模仿能力強。

四、注意小細節，做事卻乾脆俐落。

申：陽金，請注意可能會有「膀胱、左右二膊（身體上肢，靠近肩膀的部分）」方面的疾病，假如真的有，建議你每年要定期做健康檢查。

以下就請各位讀者自行印出相關朋友之命盤做按圖施工的批命工作

命盤之月支爲酉，所以此人的個性就會如酉月所述，身體毛病部分也可參考注意。

酉月（雞爲代表）：屬金，大小通吃，好管閒事

沒有衝勁，較悲觀。雞婆個性，急躁，雙重個性。熱心、喜服務人群，積極主動，會較從自己利益著眼。很有審美觀，自信心、自尊心、虛榮心都很強，而且喜歡被讚美。第六感強。屬雞男性給人一種愛拈花惹草的感覺，異性緣特別好。屬雞女性多半帶點「雞婆」個性，喜歡替人出主意，喜歡湊熱鬧，人緣很好，也很重視感覺。

特性：

一、雞婆性格，過度熱心，只要有人拜託可以把自己的工作丟在一旁跑去幫忙別人，忙完了別人也不會說聲謝謝，自己很鬱悶。有時說話傷人而不自知。

二、不會拒絕別人的拜託。有愛心，做事投入，講話欠思考。

三、神經質，話放不住，在乎別人的看法，八卦消息傳得快。

四、喜幫的事幫到底。

五、喝酒有時會喝到滿意，不然就滴酒不沾。

酉：陰金，請注意可能會有「腎、膂」方面的疾病，假如眞的有，建議你每年要定期做健康檢查。

以下就請各位讀者自行印出相關朋友之命盤做按圖施工的批命工作

命盤之月支爲戌，所以此人的個性就會如戌月所述，身體毛病部分也可參考注意。

戌月（狗爲代表）：屬土，個性善良，喜歡照顧別人

想當老大，易突發奇想，率性而爲，而有驚人之舉，不爲環境而改變，從一而終，認定人與事。講忠心，信用佳，善良，固執，重感情，是好朋友及好部屬。好惡分明，十分謹愼，戒心很強，不隨便相信人。常出現五行高手，對研究玄學很投入。人間福報好，無形福報多，常遇貴人逢凶化吉。賺錢不難，不容易缺錢，但欠缺金錢觀，難有鉅額財富。想法樂觀積極不太會隱藏自己個性及秘密，特別喜歡照顧別人。有時會有狗改不了吃屎的習慣。死心眼，易單戀，或被戀愛沖昏頭。

特性：

一、對於有恩的人、會加倍償還恩情，十分忠心。
二、自尊心非常強，連自己的偶像都不可被別人批評。
三、較不信天命（鐵齒），鬼點子多，不好溝通，臭屁、顧家。
四、較古板不易變通，老走舊的模式難改變，自我內在意識過強。
五、忠心，但卻也善於背後扯後腿。

戌：陽土，請注意可能會有「心包、腿」方面的疾病，假如真的有，建議你每年要定期做健康檢查。

以下就請各位讀者自行印出相關朋友之命盤做按圖施工的批命工作

命盤之月支爲亥，所以此人的個性就會如亥月所述，身體毛病部分也可參考注意。

亥月（豬爲代表）：屬水，癡情想不開

很有智慧，非常注重原則，不易溝通，常把事情放心裡。外表剛毅、內心脆弱，性格矛盾，不易了解。善利用別人，借力使力，爲生意高手。很明理，但常追根究底，有時會很「番」不講道理。口才好，好辯。眼光獨特，極有開創力。很注重口腹之慾，重享受卻不挑食。會扮豬吃老虎。

特性：

一、自刑最嚴重（特別是沒有食、傷），尤其小孩須特別注意（不可言語刺激，否則易走極端）。愛鑽牛角尖，完美主義。

二、個性很靜，乙亥及丁亥都希望自己的配偶（結婚對象）也很靜。

三、沒有舞台時很靜，有舞台會發揮得很好，話會講得不停、欲罷不能

四、不是很挑食，就是什麼都吃，明理有智慧。

五、一個亥明理，兩個亥歇斯底里。

六、嘮叨、囉嗦、叮嚀不停。

亥：陰水，請注意可能會有「三焦、腳」方面的疾病，假如真的有，建議你每年要定期做健康檢查。

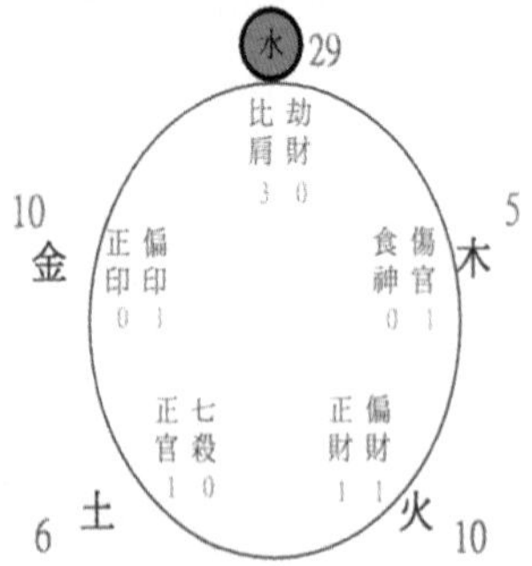

星座：射手座
忌神：水金
喜用神：木火土
空亡：午未戌亥
血型：0
格局：建祿格

103 (67歲)	100 (64歲)	97 (61歲)	94 (58歲)	91 (55歲)	年
甲 傷官 午 偏財	辛 偏印 卯 食神	戊 正官 子 比肩	乙 食神 酉 偏印	壬 劫財 午 偏財	干支
歲破	太陰	太歲	福德	歲破	神煞
104 (68歲)	101 (65歲)	98 (62歲)	95 (59歲)	92 (56歲)	年
乙 食神 未 七殺	壬 劫財 辰 正官	己 七殺 丑 七殺	丙 正財 戌 正官	癸 比肩 未 七殺	干支
龍德	五鬼	太陽	天狗	龍德	神煞
105 (69歲)	102 (66歲)	99 (63歲)	96 (60歲)	93 (57歲)	年
丙 正財 申 正印	癸 比肩 巳 正財	庚 正印 寅 傷官	丁 偏財 亥 劫財	甲 傷官 申 正印	干支
白虎	小耗	喪門	病符	白虎	神煞

姓名		性別	女	
西元	1948 年			
10	14	12	37	國曆
10	14	11	37	農曆
時	日	月	年	日期
偏財	日元	傷官	正官	主星
丁 火	癸 水	甲 木	戊 土	天干
巳 火	酉 金	子 水	子 水	地支
戊庚丙 土金火	辛 金	癸 水	癸 水	藏干
正官正印正財	偏印	比肩	比肩	副星
胎 49-64	病 33-48	臨官 17-32	臨官 1-16	十二運星
天德貴人 天乙貴人	將星	祿神	祿神	特星神煞

(天干：日、年 合；時、日 剋；月、年 剋。地支：巳、酉 半三合)

73-82	63-72	53-62	43-52	33-42	23-32	13-22	3-12	歲
丙辰	丁巳	戊午	己未	庚申	辛酉	壬戌	癸亥	大運

命盤 7

第二節　用月支來看身體狀況

十二地支與臟腑關係：以八字的月支爲基準

運用八字中的月支來論斷先天病因，以下標示的部位比較會出問題，身體上如經檢查出有相似的狀況，請先到醫院檢查。由命盤7可看出此人可能會有膽方面的毛病，其他命盤請自行列出參考，如果有以下毛病請到醫院做檢查。

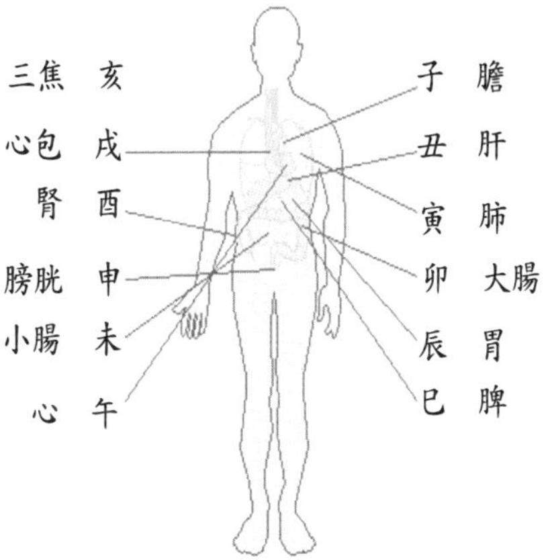

三焦：中醫特有名稱，爲六腑之一，是水液運行的道路，總司全身體液氣化功能。

一、上焦：橫膈以上的胸部（包括心臟、肺臟），和頭、面部及上肢等。

二、中焦：橫膈以下、肚臍以上的腹部，即從胃的上口（賁門）至胃的下口（幽門），包括脾、胃、肝、膽。

三、下焦：肚臍以下的小腹部，包括小腸、大腸、胃臟、膀胱等。

十二地支與身體部位關係：以八字的月支爲基準

八字（月支）中是哪一個字，就表示以下所標示的部位較會有問題。如果眞的有問題請盡速至到醫院檢查

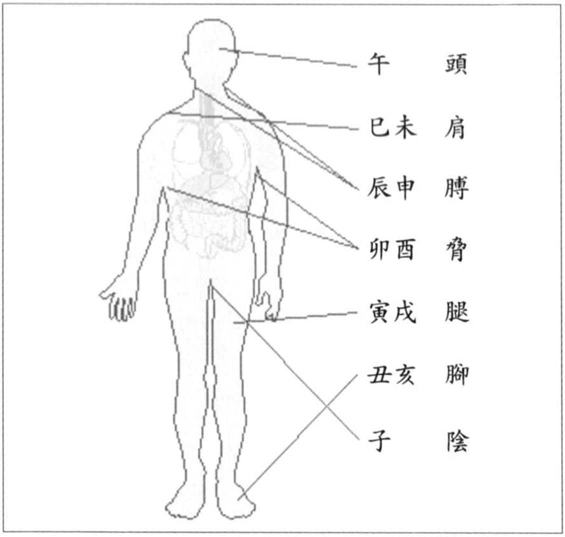

【地支與五行】

地支	五行	腑臟	生肖	月份
寅	木	肺	虎	正
卯	木	大腸	兔	二
辰	土	胃	龍	三
巳	火	脾	蛇	四
午	火	心	馬	五
未	土	小腸	羊	六
申	金	膀胱	猴	七
酉	金	腎	雞	八
戌	土	心包	狗	九
亥	水	三焦	豬	十
子	水	膽	鼠	十一
丑	土	肝	牛	十二

第四章

由十二地支的刑、沖、合、害、會中可論斷出一個人的吉凶禍福

第一節　地支、三合、三會、六合、六害、三刑各代表的意義

以下用圖型來解釋十二地支的刑、沖、會、合、害

地支之刑、沖、會、合、害

【地支三合】

半合是指三合中任二個地支出現。

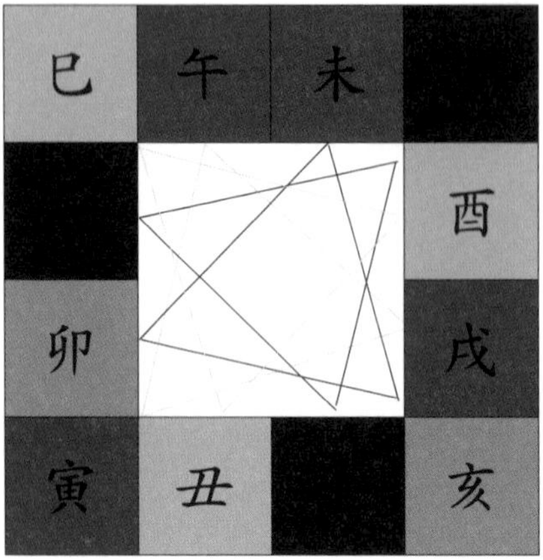

※申子辰合水局：生在申，旺在子，庫在辰。
多元化智慧，變化大，冷眼旁觀，臨時改變，冷漠自私。
※巳酉丑合金局：生在巳，旺在酉，庫在丑。
指揮性佳，講義氣，外表威嚴較酷，有血光、肅殺之氣，講話會修飾。
※寅午戌合火局：生在寅，旺在午，庫在戌。
熱情，前熱後冷，行動派，急性子。
※亥卯未合木局：生在亥，旺在卯，庫在未。
幻想，不切實際，心地軟，計畫一堆，大部分無法實現。

【地支三會】

三會的力量大於一切，例：日干屬木，地支有寅卯辰，或只有其中二個加流年來組合而成三會。寅卯辰三會東方木，對身弱者有利，對身強者不利。會特別有事情。

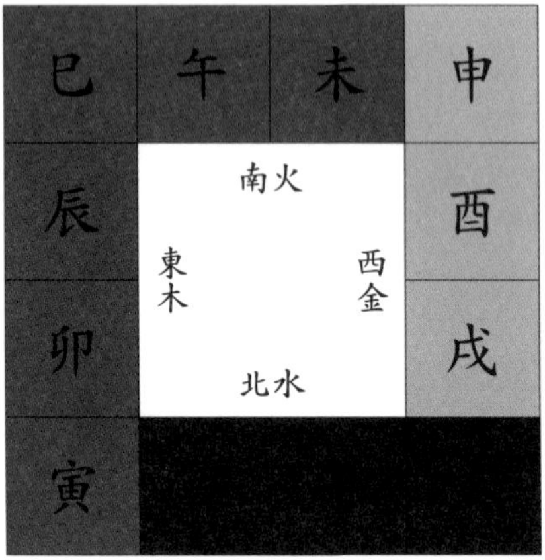

※寅卯辰三會東方木。

※巳午未三會南方火。

※申酉戌三會西方金。

※亥子丑三會北方水。

【地支六衝】

撞擊力，播種，很會做事，有執行力，有衝勁。衝動，意見不合、反目。走運逢衝則發，不走運逢衝則墜。太歲流年衝向命盤較嚴重，命盤衝向流年太歲則較輕。根忌衝，逢衝小心「財」。

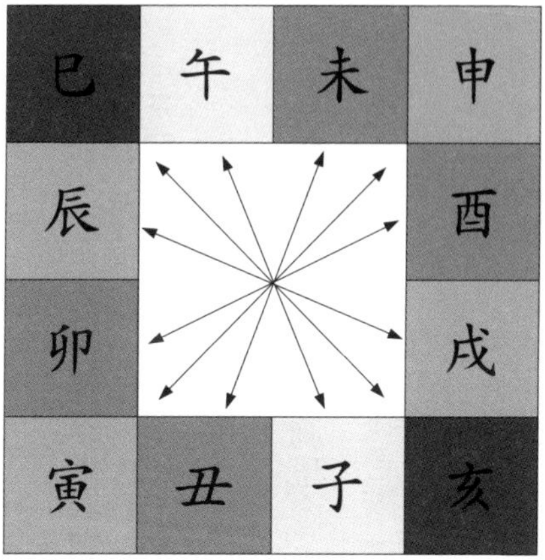

※子午衝：水火不容，情緒不穩定，脾氣不好，個性極端。人緣很好，異性緣佳。較有發瘋機率、腦神經衰弱的現象。子午的人通常都很漂亮。

※丑未衝：愛追根究底，打破砂鍋問到底，主觀意識強烈。易賠錢，財庫衝開，開銷大。愛問，鑽牛角尖。較會跟鄰居吵架，女命易流產。

※寅申衝：忙碌，閒不住，勞碌命。開車很快，較會走大馬路。有車關，易生車禍。六親較無緣，一輩子靠自己。（同傷官見官，一生大起大落）

※卯酉衝：做事俐落，很敏銳，有第六感，眼睛銳利，人緣好，異性緣佳，心性不定（桃花衝），陰易近身。

※辰戌衝：辰與戌屬現金，庫衝庫，撞到事業宮的話，投資會失敗。不服輸，自圓其說，自找台階。喜做老大，脾氣不好，理由多，會將錯就錯歸錯於別人，做事野心大，開銷大。須注意婚姻問題。

※巳亥衝：辯才無礙，口才佳，很會辯，愛聊天，常常禍從口出。追根究底，較會鑽小巷，有車關。

【地支六合】

有計畫能力，合得來，會有收成、守成，同心協力，好溝通。

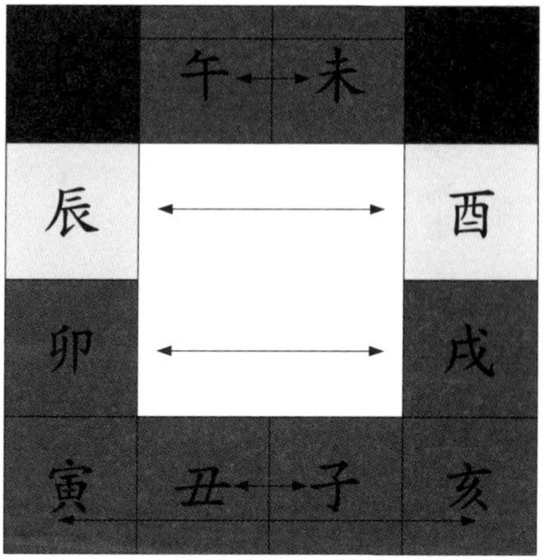

※子丑合火　※寅亥合木　※卯戌合火

※辰酉合金　※巳申合水　※午未合火

【地支六害】

分離（指人的生離死別），變卦，聚少離多，同床異夢，要收成時，會收不到。

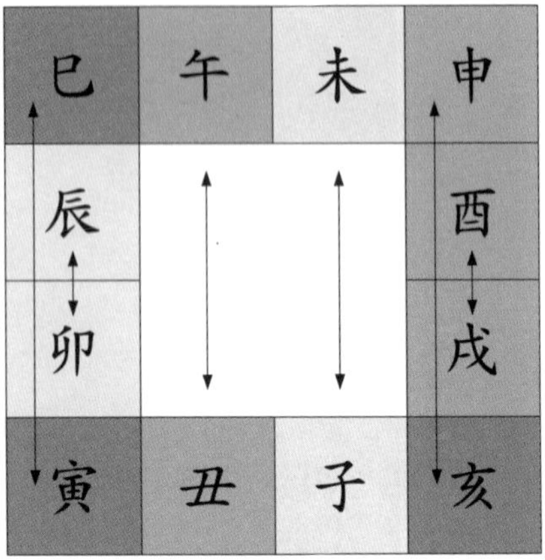

※**子未害**：個性極端，容易犯小人，易換工作。貌合神離，無話可說，會要求對方。

（最嚴重的害，又稱天地害，南北害）

※**丑午害**：耐性差，容易生氣，貌合神離。

※**寅巳害**：是非多，無恩情（人情）易犯小人，冷眼旁觀的態度，屬驛馬害，辯才無

礙。如果離婚，也可能同住一屋簷下。

※申亥害：是非多，無恩情，易犯小人。（比喻相見不如懷念，相見就吵，不見又懷念）屬驛馬害。

※卯辰害：本身要注意，易遭周邊親人相害，殺傷力很大，好朋友扯後腿，兄弟無緣，手足無助，要他好反而害他，愈親近的人，反駁力越大。

※酉戌害：與卯辰害相似，容易被近親戲弄。（雞犬不寧，哭笑不得，離婚率高）

【地支之刑】

精神方面的壓力與挫折

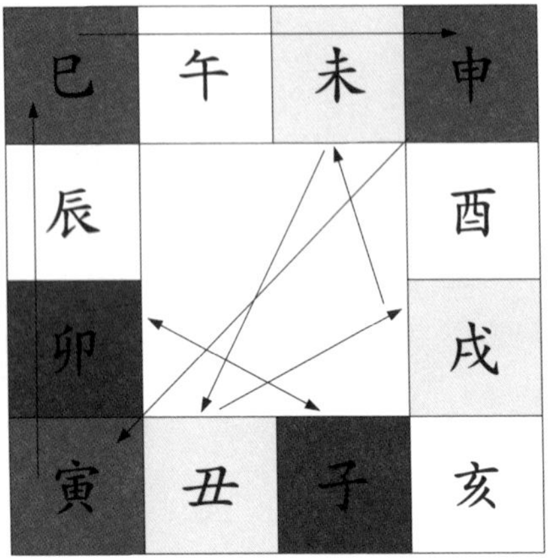

※**無禮之刑**：子刑卯，卯刑子

沒氣質，眼光高，講話沒禮貌，說話不客氣，不隨便與人交談，自視清高，看到不喜歡的人，他就不會去理會對方，脾氣不好，沒禮貌。刑中最凶兆，不孝不悌，相妒不睦，剋損六親，婦人有此刑，翁姑不合，且易損孕。

※恃勢之刑：寅刑巳，巳刑申，申刑寅

做到累死，別人也不會感激你，替別人打江山。做憨工，沒有恩惠。你有十分力，勸你留三分可收尾。你會嫌人，別人也會嫌你。做事可以做得成功，但只要有一小點做不好，就會被修理。性情冷酷薄義，易遭陷害及惡事發生，女子有此刑，易損孕。例：寅刑巳：巳做到流汗，被寅嫌到流口水，寅不懂得感恩。看寅、巳各在何處，各代表「誰」，即可推論出誰會對誰不支感恩。

※無恩之刑：丑刑戌，戌刑未，未刑丑

太過有自信，過於猛進，易遭挫折，無惻隱之心。剛毅且易罹災。婦人有此刑，易孤獨。

例：丑刑戌：丑對戌太有信心，自認戌可幫己一切搞定，但往往事與願違。

※自刑之刑：心理的鬱悶，不知道要向誰說，找不到對象說，有話不想跟別人說，有話

說不出口，在心裡一點一點的累積。（尤其是亥月生者）明知不可為而為之，常拿石頭砸自己的腳，會想不開，內心鬱悶不知找誰訴說，自卑。「亥」若在月令更嚴重，酉、午較亥來得輕微，辰的自刑最輕微。

辰刑辰：固執，有原則，不喜歡別人左右他，喜歡獨立作老大，懷才不遇，做事有頭無尾。鬱悶型。

午刑午：好勝心強，不喜歡別人用話刺激他。個性極端，沒耐性，健忘。屬「馬」者，喜歡別人拍他馬屁，所以要說好聽的話，要好好溝通。

酉刑酉：講義氣，較雞婆，遇到懶散的人或不講義氣（不講理）的人，他會生氣，所以乾脆不說。太過熱情，變成憂鬱。

亥刑亥：聰明，智慧，明理。有事不說，鬱悶型。易有自殺傾向。

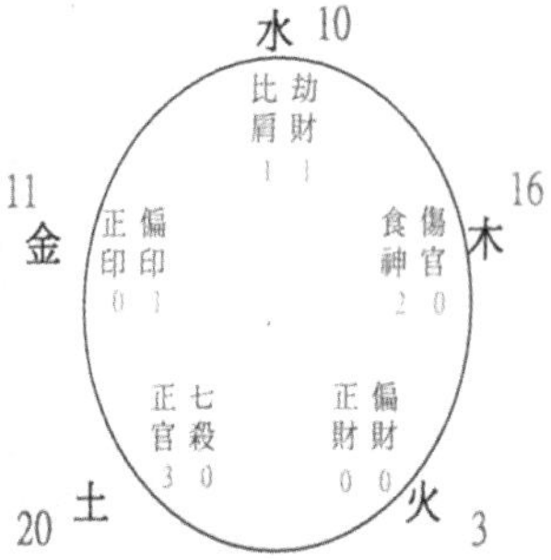

星座：天蠍座
忌神：木土
喜用神：水金
空亡：午未辰巳
血型：0
格局：正官格

姓名			性別	女
西元	1951 年			
20	30	10	40	國曆
20	1	10	40	農曆
時	日	月	年	日期
劫財	日元	正官	偏印	主星
壬 水	癸 水	戊 土	辛 金	天干
戌 土	卯 木	戌 土	卯 木	地支
丁辛戊 火金土	乙 木	丁辛戊 火金土	乙 木	藏干
偏財 偏印 正官	食神	偏財 偏印 正官	食神	副星
衰 49-64	長生 33-48	衰 17-32	長生 1-16	十二運星
	學堂 文昌 天乙貴人 天印 將星	魁罡	學堂 文昌 天乙貴人 將星	特星神煞

（天干：癸剋壬、戊；戊癸合。地支：戌卯合、卯戌合、戌卯合、戌卯合。）

74-83	64-73	54-63	44-53	34-43	24-33	14-23	4-13	歲
丙午	乙巳	甲辰	癸卯	壬寅	辛丑	庚子	己亥	大運

103 (64歲)	100 (61歲)	97 (58歲)	94 (55歲)	91 (52歲)	年
甲 傷官 午 偏財	辛 偏印 卯 食神	戊 正官 子 比肩	乙 食神 酉 偏印	壬 劫財 午 偏財	干支
太陰	太歲	福德	歲破	太陰	神煞
104 (65歲)	101 (62歲)	98 (59歲)	95 (56歲)	92 (53歲)	年
乙 食神 未 七殺	壬 劫財 辰 正官	己 七殺 丑 七殺	丙 正財 戌 正官	癸 比肩 未 七殺	干支
五鬼	太陽	天狗	龍德	五鬼	神煞
105 (66歲)	102 (63歲)	99 (60歲)	96 (57歲)	93 (54歲)	年
丙 正財 申 正印	癸 比肩 巳 正財	庚 正印 寅 傷官	丁 偏財 亥 劫財	甲 傷官 申 正印	干支
小耗	喪門	病符	白虎	小耗	神煞

命盤 8

第二節　由命盤地支、看運勢及六親對待

以下是從命盤中直接對應出符合哪幾項，一生中就會有哪幾種現象，由命盤8中可診斷出符合第1項、第4項、第6項之狀況請參考，第3項也可參考論斷。

本命盤有六合或三合時

	時	日	月	年	【合】（地支）
1			*	*	較容易受到長上幫助，與長上好溝通，有長上緣，易被上司提攜器重。孝順，有老人緣。
2		*		*	配偶長上相處佳，配偶是長上選擇的，創業時以長上、上司的意見爲主。
3	*			*	長上、上司會幫助你的事業，亦會用金錢支助。長上會無條件幫你帶小孩，人緣好，做事情很會包裝自己，不易透露內在事。
4		*	*		夫妻相處佳、容易在乎另一半，常在事業上有自己的主見，容易滿足現狀較有安全感，但逢害時則一切無所適從。
5	*		*		在意孩子、事業、員工、晚輩，人際關係好，會顧全大局者。（公務人員居多、事業會做得比較久）
6	*	*			配偶會支持或相助你的事業，只要創業則會堅守做下去。
7		*	*		天干合，地支刑：身體不好（其中一柱被太歲刑亦同）。
8			刑		

子丑合：夫妻間好溝通，有話講，較顧家。
卯戌合：比較愛面子，注重外表，顧家，外強內柔。
寅亥合：在先天的磁場上比較重視倫理道德。
辰酉合：在先天的磁場上比較重義氣，但比較沒有定性。
午未合：在先天的磁場上比較重情意，天生脾氣不好，做事重感覺。
巳申合：有很多事，會聰明反被聰明誤，事屬無恩之刑。
申子辰合水：在思想變化上很快，也很聰明，但較冷漠。
寅午戌合火：看來做事效率高，執行力好，熱情有禮。
亥卯未合木：比較會有不切實際的想法，較有夢想（白日夢）。
巳酉丑合金：爲人較會強出頭，較會有血光之災，且會包裝自己。

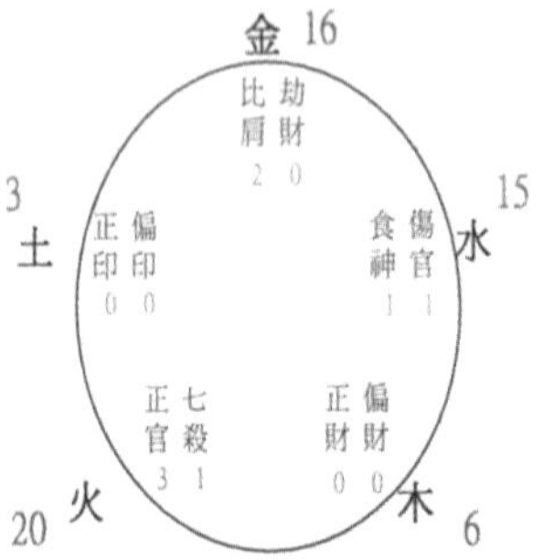

星座：天蠍座
忌神：水火
喜用神：金土
空亡：子丑申酉
血型：0
格局：傷官格

姓名			性別	女
西元	1977 年			

時	日	月	年	
10	20	11	66	國曆
10	10	10	66	農曆
時	日	月	年	日期
食神	日元	比肩	七殺	主星
癸 水	辛 金	辛 金	丁 火	天干
巳 火	巳 火	亥 水	巳 火	地支
戊庚丙 土金火	戊庚丙 土金火	甲壬 木水	戊庚丙 土金火	藏干
正印 劫財 正官	正印 劫財 正官	正財 傷官	正印 劫財 正官	副星
死 49-64	死 33-48	沐浴 17-32	死 1-16	十二運星
血刃	天印貴人 血刃	驛馬 血刃 金輿	血刃	特星神煞

(天干：剋；地支：沖)

77-86	67-76	57-66	47-56	37-46	27-36	17-26	7-16	歲
己未	戊午	丁巳	丙辰	乙卯	甲寅	癸丑	壬子	大運

103 (38歲)	100 (35歲)	97 (32歲)	94 (29歲)	91 (26歲)	年
甲午 正財 七殺	辛卯 比肩 偏財	戊子 正印 食神	乙酉 偏財 比肩	壬午 傷官 七殺	干支
太陽	天狗	龍德	五鬼	太陽	神煞

104 (39歲)	101 (36歲)	98 (33歲)	95 (30歲)	92 (27歲)	年
乙未 偏財 偏印	壬辰 傷官 正印	己丑 偏印 偏印	丙戌 正官 正印	癸未 食神 偏印	干支
喪門	病符	白虎	小耗	喪門	神煞

105 (40歲)	102 (37歲)	99 (34歲)	96 (31歲)	93 (28歲)	年
丙申 正官 劫財	癸巳 食神 正官	庚寅 劫財 正財	丁亥 七殺 傷官	甲申 正財 劫財	干支
太陰	太歲	福德	歲破	太陰	神煞

命盤 9

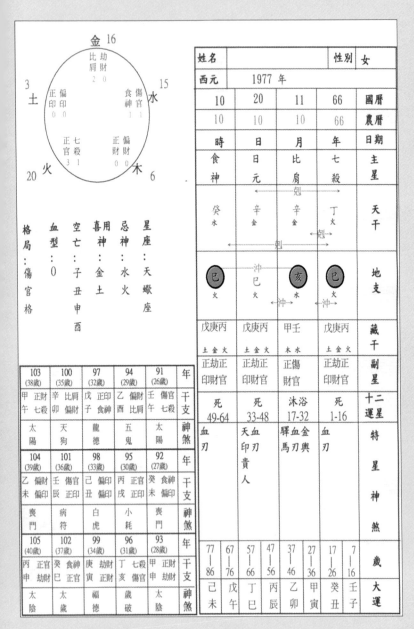

由命盤9命盤中可診斷出符合第1項、第4項、第5項之情形請參考參考。

本命盤有六沖時

	時	日	月	年	【衝】（地支）
1			*	*	和長上或上司較會有意見、衝突，個性較衝動（早離家）。
2		*		*	配偶和長上容易會意見不合。長上、上司常是敦促其創業的人，放不下且一定會干預。
3	*			*	長上對你的事業有意見，祖孫會不合；合則長上身體欠安。外表像個靜不下來的人，子女像全身裝了馬達很好動，不停息。
4		*	*		夫妻間常鬥嘴，無法溝通。（男命男起因；女命女起因）夫妻間常鬥嘴做挑情的動作，所謂床頭吵床尾和。
5	*		*		對事業較積極有衝勁、活力全來。容易對小孩或部屬容易有意見或不合。
6	*	*			配偶對事業易有意見（無助），和小孩溝通不良。家中之事都是配偶在敦促小孩或打罵小孩。

寅申（馬）：須注意車關，不要開快車，適合外務，東奔西跑，對人付出人家不太會感激。

巳亥（馬）：會有車關，口才好，辯才無礙，比較會得理不饒人，易抄近路，求速度（會鑽），適合外務。

子午（花）：個性極端、反覆不定、不堪諷刺，桃花動，人緣好，生氣時會抓狂，感情困擾。

卯酉（花）：第六感強（有時會看到第三度空間）、目色好，須先溝通好才做，東西常移動、桃花動、人緣好。長輩緣好，較會衡量人，憑直覺做事。

辰戌（庫）：個性不好、脾氣難以控制、較會自圓其說、庫衝破，財就守不住，有運賺、無運賠，辯才無礙，身體較會不好，好辯。

丑未（庫）：追根究底。打破沙鍋問到底、較會查行蹤、庫衝破、錢財守不住，小財不斷流失。

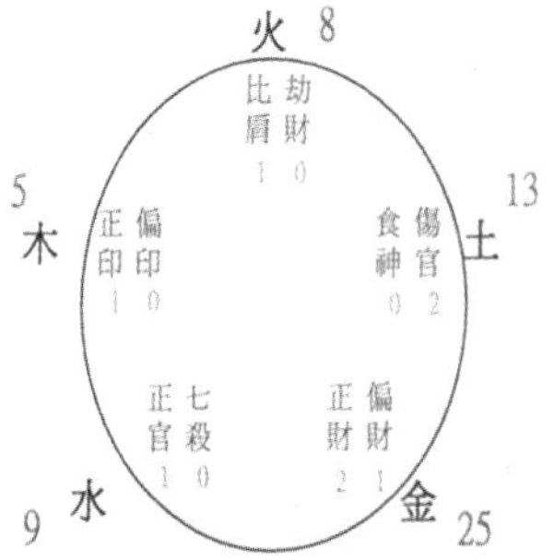

星座：處女座
忌神：土金
喜用神：火木
空亡：辰巳辰巳
血型：0
格局：正財格

姓名				性別		男		
西元	1962 年							
20		27		8		51		國曆
20		28		7		51		農曆
時		日		月		年		日期
正財		日元		傷官		正官		主星
庚 金		丁 火		戊 土		壬 水		天干
戌 土		酉 金		申 金		寅 木		地支
丁辛戊 火金土		辛 金		戊壬庚 土水金		戊丙甲 土火木		藏干
比偏傷 肩財官		偏財		傷正正 官官財		傷劫正 官財印		副星
養 49-64		長生 33-48		沐浴 17-32		死 1-16		十二運星
魁罡		學堂 文昌 天乙貴人 天印 將星		亡神 金輿 流霞		劫煞 月德貴人		特星神煞
74-83	64-73	54-63	44-53	34-43	24-33	14-23	4-13	歲
丙辰	乙卯	甲寅	癸丑	壬子	辛亥	庚戌	己酉	大運

（天干：日、年 合；月、年 剋。地支：時、日 害；月、年 沖；半三合）

103 (53歲)	100 (50歲)	97 (47歲)	94 (44歲)	91 (41歲)	年
甲午 正印 比肩	辛卯 偏財 偏印	戊子 傷官 七殺	乙酉 偏印 偏財	壬午 正官 比肩	干支
五鬼	太陽	天狗	龍德	五鬼	神煞
104 (54歲)	101 (51歲)	98 (48歲)	95 (45歲)	92 (42歲)	年
乙未 偏印 食神	壬辰 正官 傷官	己丑 食神 食神	丙戌 劫財 傷官	癸未 七殺 食神	干支
小耗	喪門	病符	白虎	小耗	神煞
105 (55歲)	102 (52歲)	99 (49歲)	96 (46歲)	93 (43歲)	年
丙申 劫財 正財	癸巳 七殺 劫財	庚寅 正財 正印	丁亥 比肩 正官	甲申 正印 正財	干支
歲破	太陰	太歲	福德	歲破	神煞

命盤 10

由命盤10命盤中可診斷出符合第6項結果，可見會有如下列所述之現象。

命盤有六害時

	時	日	月	年	【害】（地支）
1			*	*	自己和長上、上司不易溝通。有心結、代溝，不喜攀緣上流社會。
2		*		*	配偶（對你往上成長的路是個石頭）和長上無緣，長上對配偶有意見，想結婚就勿在婚前讓父母做意見。
3	*			*	長上不認同你的事業，子女和長上無緣，長上不會帶小孩。
4		*	*		不會在意配偶（丁壬合官亦同），無法相處太久（聚少離多、同床異夢、易婚變或離婚），夫妻心結多，對初創事業不敢嘗試，未結婚時談得投契，婚後相對兩無言。
5	*		*		與小孩不易溝通，經常換工作，工作較無法專心，常流於敷衍，較無責任感。
6	*	*			配偶不認同你人際關係，甚至不喜歡、不支持你的事業，和小孩難溝通，小孩難養或不能生育，性生活不美滿。

配偶宮申亥害：很恩愛，但其中有一方會身體不好

子未害：個性極端，容易犯小人，親子之間較早分離。
羊、鼠相逢一旦休。

丑午害：耐性差，脾氣不好，容易生氣。
從來白馬怕青牛

寅巳害：無恩之刑是非多，易犯小人，在家裡待不住。
蛇逢猛虎似箭投。

卯辰害：容易被扯後腿，兄弟姊妹無助，易遭親人相害。
玉兔見龍雲裡去。

酉戌害：容易被好朋友扯後腿，易遭親人相害，弄得雞犬不寧，離婚率高。
金雞玉犬淚雙流。

申亥害：是非多，容易會有小人，挫折感重，受不了刺激。
豬見猿猴似箭投。

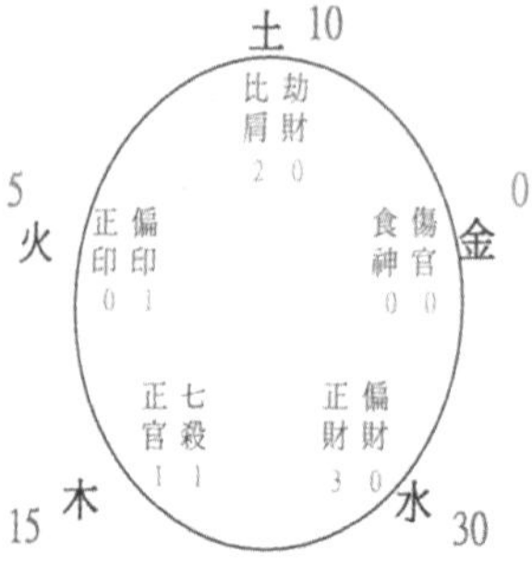

星座：射手座
忌神：水木
喜用神：土火
空亡：辰巳午未
血型：0
格局：正財格

姓名			性別	男
西元	1963 年			
8	11	12	52	國曆
8	26	10	52	農曆
時	日	月	年	日期
偏印	日元	七殺	正財	主星
丙 火	戊 土	甲 木	癸 水	天干
辰 土	子 水	子 水	卯 木	地支
癸乙戊 水木土	癸 水	癸 水	乙 木	藏干
正財 正官 比肩	正財	正財	正官	副星
冠帶 49-64	胎 33-48	胎 17-32	沐浴 1-16	十二運星
華蓋 紅豔	六秀日 將星 飛刃	將星 飛刃		特星神煞

天干：戊←合→癸；戊←剋→甲
地支：子←刑→卯；辰←半三合→子（月）；辰←半三合→子（日）；子←刑→卯；子←害→卯

72-81	62-71	52-61	42-51	32-41	22-31	12-21	2-11	歲
丙辰	丁巳	戊午	己未	庚申	辛酉	壬戌	癸亥	大運

103 (52歲)	100 (49歲)	97 (46歲)	94 (43歲)	91 (40歲)	年
甲 七殺 午 正印	辛 傷官 卯 正官	戊 比肩 子 正財	乙 正官 酉 傷官	壬 偏財 午 正印	干支
太陰	太歲	福德	歲破	太陰	神煞
104 (53歲)	101 (50歲)	98 (47歲)	95 (44歲)	92 (41歲)	年
乙 正官 未 劫財	壬 偏財 辰 比肩	己 劫財 丑 劫財	丙 偏印 戌 比肩	癸 正財 未 劫財	干支
五鬼	太陽	天狗	龍德	五鬼	神煞
105 (54歲)	102 (51歲)	99 (48歲)	96 (45歲)	93 (42歲)	年
丙 偏印 申 食神	癸 正財 巳 偏印	庚 食神 寅 七殺	丁 正印 亥 偏財	甲 七殺 申 食神	干支
小耗	喪門	病符	白虎	小耗	神煞

命盤 11

由命盤11命盤中即可診斷出符合第1項之情形，請直接論述有其現象。

本命盤有刑時

	時	日	月	年	【刑】（地支）
1			*	*	本身與長輩，長官間有一種莫名其妙的感覺，總是很煩。
2		*		*	配偶會因長輩的行爲或言語而鬱悶很久。
3	*			*	長上與子孫、上司與部屬間有一種相互虧欠、恨鐵不成鋼的感覺，眞的需要好好溝通。
4		*	*		夫妻相處佳、總是很不順心，也常常惹對方生氣。
5	*		*		本人與子女或部屬間的認同度不夠，因此會產生種敵對的心態。
6	*	*			配偶與子女及事業上的看法不一至，而很鬱悶。

無禮之刑（子卯）：

自命清高（眼光高），說話直接，較沒禮貌（沒大沒小），自以爲氣質好。

無恩之刑（寅巳、巳申、申寅）：

無人賞識，做事易被人嫌棄，替人打天下，任勞任怨，愛恨交加。

恃勢之刑（丑戌、戌未、未丑）：

太自信，自負欠考慮，憑感覺投資。未丑：虧錢機率高，看不見卻不斷流失

自刑：（辰、午、酉、亥）

1、對自己不滿意，易憂愁，明知不可爲而爲之，自尊心強，自尋煩惱，容易鬱悶，有話不說，在月柱時較無法溝通。

2、辰：要別人聽自己，但事與願違而自鬱，請用逆向溝通（先拍馬屁）方式才能得到認同，做事直接，但有遠視。

亥：較會無理取鬧、歇斯底里、悲觀，總是想說我比別人認眞，爲什麼比別人歹命，如又逢流年來害月柱容易輕生，喜用頭腦，卻多愁多煩事，

午：常常事與願違，在決定一件事情前請用逆向溝通方式（先拍馬屁）成功率會較高，以禮相待，則好溝通。

酉：常常想幫助別人。但卻得不到認同，眞是鬱悶，常幫倒忙，卻一樣熱心。

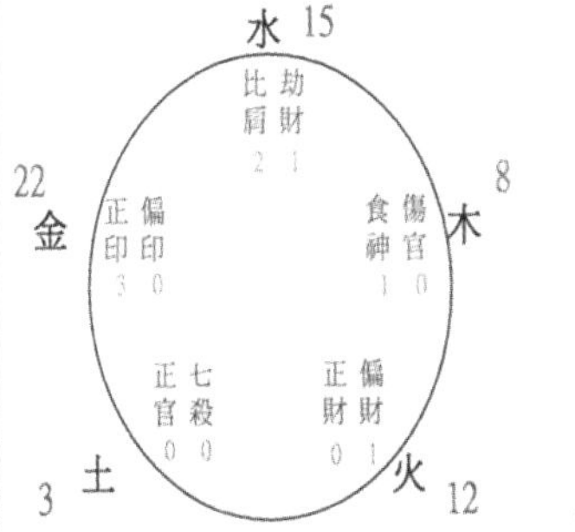

格局：偏財格

血型：0

空亡：子丑辰巳

喜用神：木火土

忌神：水金

星座：雙子座

姓名		性別	男
西元	1981 年		

時	日	月	年	
22	24	5	70	國曆
22	21	4	70	農曆
時	日	月	年	日期
正印	日元	劫財	正印	主星
辛 金	壬 水	癸 水	辛 金	天干
亥 水	寅 木	巳 火	酉 金	地支
甲壬 木水	戊丙甲 土火木	戊庚丙 土金火	辛 金	藏干
食神 比肩	七殺 偏財 食神	七殺 偏印 偏財	正印	副星
臨官 49-64	病 33-48	絕 17-32	沐浴 1-16	十二運星
劫煞 天德貴人 祿神 孤辰	人中三奇 流霞 文昌	亡神 天乙貴人	天德貴人	特星神煞

地支：亥—巳 沖；亥—寅 合；寅—巳 刑害；巳—酉 半三合

77-86	67-76	57-66	47-56	37-46	27-36	17-26	7-16	歲
乙酉	丙戌	丁亥	戊子	己丑	庚寅	辛卯	壬辰	大運

103 (34歲)	100 (31歲)	97 (28歲)	94 (25歲)	91 (22歲)	年
甲 食神 午 正財	辛 正印 卯 傷官	戊 七殺 子 劫財	乙 傷官 酉 正印	壬 比肩 午 正財	干支
福德	歲破	太陰	太歲	福德	神煞
104 (35歲)	101 (32歲)	98 (29歲)	95 (26歲)	92 (23歲)	年
乙 傷官 未 正官	壬 比肩 辰 七殺	己 正官 丑 正官	丙 偏財 戌 七殺	癸 劫財 未 正官	干支
天狗	龍德	五鬼	太陽	天狗	神煞
105 (36歲)	102 (33歲)	99 (30歲)	96 (27歲)	93 (24歲)	年
丙 偏財 申 偏印	癸 劫財 巳 偏財	庚 偏印 寅 食神	丁 正財 亥 比肩	甲 食神 申 偏印	干支
病符	白虎	小耗	喪門	病符	神煞

命盤 12

第三節　由命盤看一生中的桃花運、財庫運及驛馬貴人運

由命盤12命盤中可發現地支四個字中有三馬、一花，此種命格會有什麼樣的特性請往下看。

由命盤地支看個人特質與運勢

地支之涵義：庫、馬、花

巳 馬　四月	午 花　五月	未 庫　六月	申 馬　七月
辰 庫　三月			酉 花　八月
卯 花　二月			戌 庫　九月
寅 馬　一月	丑 庫　十二	子 花　十一	亥 馬　十月

本命盤地支有「驛馬」時（寅、申、巳、亥）如果有一個或二、三、四就會如下所述

四馬：寅、申、巳、亥（驛馬星）

1. **無馬**：沒有衝勁，不適合當業務，適合內勤工作（家庭煮婦），衝勁弱。
2. **一馬**：好動，適合做業務，願意跑，愛跑。但跑不遠，靈機應變，不受拘束。
3. **二馬**：喜橫衝直撞。旅遊，搬遷，變動，有行動力、執行力，好動。好動閒不住，不受拘束，業務高手，不常留屋內，注意車關。
4. **三馬**：藝高膽大，勞碌奔波。沒有合，只會亂衝，不懂收成，爲錢忙來忙去，什麼都要闖，多車關，居無定所四處跑。
5. **四馬**：家裡待不住，常往外跑，一出去不知回家。設定目標馬不停蹄，藝高人膽大，什麼都要闖，多車關，居無定所四處跑。
6. **寅、申衝**：閒不住，開車很快，較會走大路。有車關，易生車禍，手腳較會有問題，要用開運小羅盤。多情，愛管閒事。
7. **巳、亥衝**：辯才無礙，很會辯，口才很好，追根究底，較會鑽小巷。注意車關，易生車禍，必須使用「開運小羅盤」以避車煞。

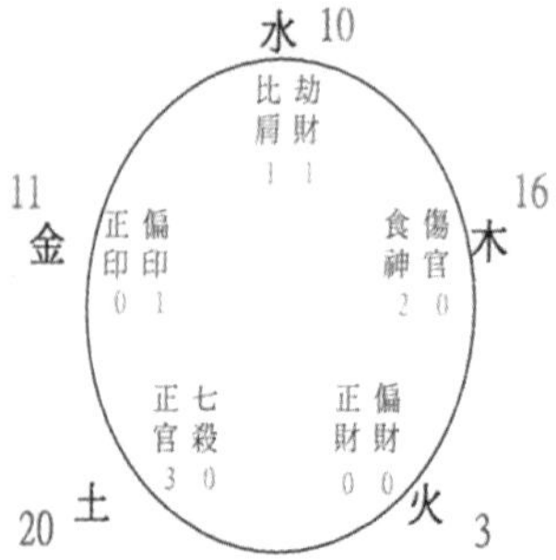

星座：天蠍座

忌神：木土

喜用神：水金

空亡：午未辰巳

血型：0

格局：正官格

姓名		性別	女	
西元	1951 年			
20	30	10	40	國曆
20	1	10	40	農曆
時	日	月	年	日期
劫財	日元	正官	偏印	主星
壬 水	癸 水	戊 土	辛 金	天干
戌 土	卯 木	戌 土	卯 木	地支
丁辛戊 火金土	乙 木	丁辛戊 火金土	乙 木	藏干
偏財偏印正官	食神	偏財偏印正官	食神	副星
衰 49-64	長生 33-48	衰 17-32	長生 1-16	十二運星
	學堂 文昌 天乙貴人 天印 將星	魁罡	學堂 文昌 天乙貴人 將星	特星神煞

天干：壬—癸—戊 剋；癸—戊 合

地支：戌—卯 合；卯—戌 合；戌—卯 合；卯—戌 合

74-83	64-73	54-63	44-53	34-43	24-33	14-23	4-13	歲
丙午	乙巳	甲辰	癸卯	壬寅	辛丑	庚子	己亥	大運

103 (64歲)	100 (61歲)	97 (58歲)	94 (55歲)	91 (52歲)	年
甲 傷官 午 偏財	辛 偏印 卯 食神	戊 正官 子 比肩	乙 食神 酉 偏印	壬 劫財 午 偏財	干支
太陰	太歲	福德	歲破	太陰	神煞
104 (65歲)	101 (62歲)	98 (59歲)	95 (56歲)	92 (53歲)	年
乙 食神 未 七殺	壬 劫財 辰 正官	己 七殺 丑 七殺	丙 正財 戌 正官	癸 比肩 未 七殺	干支
五鬼	太陽	天狗	龍德	五鬼	神煞
105 (66歲)	102 (63歲)	99 (60歲)	96 (57歲)	93 (54歲)	年
丙 正財 申 正印	癸 比肩 巳 正財	庚 正印 寅 傷官	丁 偏財 亥 劫財	甲 傷官 申 正印	干支
小耗	喪門	病符	白虎	小耗	神煞

命盤 13

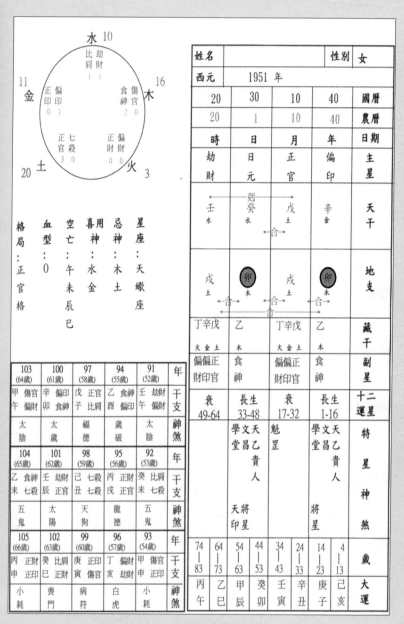

由命盤13命盤可斷出此人有二花，其特性如下所述

四花：子、午、卯、酉（桃花異性緣人際關係）

1. **無花**：很嚴肅，臉很臭，異性緣差，人際關係不良。
2. **一花**：有人緣、人緣佳，早熟、貌美，異性緣還可以。
3. **二花**：眞有人緣，早熟，漂亮、貌美，異性緣還不錯。
4. **三花**：異性緣重，早熟，適公關，人緣佳、異性緣特別好，貌美、早熟，文才風流，善應對（好爭辯）。
5. **四花**：超有人緣，但注意道德觀。或超沒人緣，因過度自戀，孤芳自賞。濫桃花、異性緣特別好、處處留情，爲求圓融而不惜說謊，早熟不太愛理人，雙重人格。
6. **子、午衝**：情緒不穩定，人緣很好，很有異性緣，脾氣不好。個性極端，容易腦神經衰弱。
7. **卯、酉衝**：很敏銳，頗具第六感，眼睛銳利，人緣好，異性緣佳。較龜毛，有潔癖，做事有計畫。易受「陰」干擾。不近陰喪事物，不進陰廟。碰上古物及較陰之物，背脊總感覺陰涼。

時日月年

□□□花：有長上緣或母親有人緣。

□□花□：自己漂亮或有人緣。

□花□□：配偶漂亮或有人緣。驕傲、無禮（尤其子卯）。

花□□□：對事業有好的緣，子女有人緣。

□花花□：性慾高。

花花花花：如果變格，反而不得人緣，耽誤婚姻。

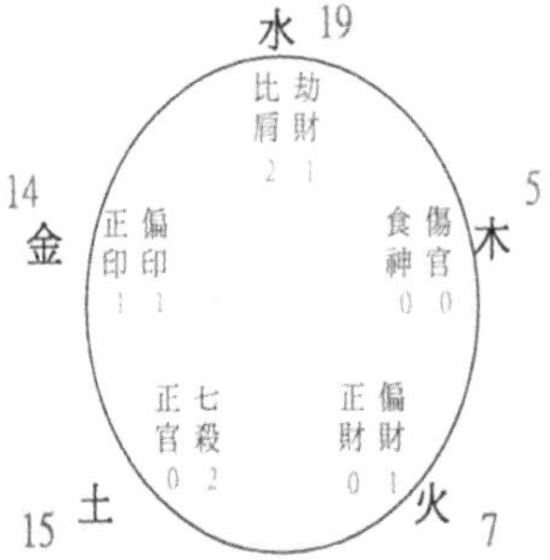

星座：天蠍座

忌神：水金

喜用神：木火

空亡：辰巳午未

血型：0

格局：七殺格

姓名			性別	男
西元	1960 年			

時	日	月	年	日期
21	31	10	49	國曆
21	12	9	49	農曆
正印	日元	偏財	偏印	主星
辛 金	壬 水 （壬辛合；丙壬剋）	丙 火 （丙庚剋）	庚 金	天干
亥 水	辰 土 （辰子半三合；辰戌沖）	戌 土	子 水	地支
甲壬 木水	癸乙戊 水木土	丁辛戊 火金土	癸 水	藏干
食神 比肩	劫財 傷官 七殺	正財 正印 七殺	劫財	副星
臨官 49-64	墓 33-48	冠帶 17-32	帝旺 1-16	十二運星
亡神 祿神	天印 魁罡 華蓋 貴人	寡宿 月德 貴人 天德 貴人	將星 紅豔 羊刃	特星神煞

73-82	63-72	53-62	43-52	33-42	23-32	13-22	3-12	歲
甲午	癸巳	壬辰	辛卯	庚寅	己丑	戊子	丁亥	大運

103 (55歲)	100 (52歲)	97 (49歲)	94 (46歲)	91 (43歲)	年
甲 食神 午 正財	辛 正印 卯 傷官	戊 七殺 子 劫財	乙 傷官 酉 正印	壬 比肩 午 正財	干支
歲破	太陰	太歲	福德	歲破	神煞
104 (56歲)	101 (53歲)	98 (50歲)	95 (47歲)	92 (44歲)	年
乙 傷官 未 正官	壬 比肩 辰 七殺	己 正官 丑 正官	丙 偏財 戌 七殺	癸 劫財 未 正官	干支
龍德	五鬼	太陽	天狗	龍德	神煞
105 (57歲)	102 (54歲)	99 (51歲)	96 (48歲)	93 (45歲)	年
丙 偏財 申 偏印	癸 劫財 巳 偏財	庚 偏印 寅 食神	丁 正財 亥 比肩	甲 食神 申 偏印	干支
白虎	小耗	喪門	病符	白虎	神煞

命盤 14

由命盤14命盤中可看出此人有二庫，其特性如下所述

本命盤有「庫」時：辰、戌、丑、未

四庫：辰、戌、丑、未（財庫，聚寶盆）

1. **無庫**：錢財守不住，散財童子，很節儉、財來財去。錢不是自己的。
2. **一庫**：很節儉，疼別人，節儉自己，慷慨別人。
3. **二庫**：很能調度金錢，善理財。逢衝，開銷大，難聚財。
4. **三庫**：借錢不用還，借錢給別人不敢要回來，很會賺錢，財容易分散、出手大方、四處投資。
5. **四庫**：身強，走運時賺進天下財。（皇帝命格）身弱，不走運時散盡天下財。（乞丐命格）。不是皇帝就是乞丐財，賺盡天下財、散盡天下財。
6. **辰、戌衝**：自圓其說，自找台階，喜做老大，脾氣不好，理由多。財庫衝開，開銷大。好鬥，好訴訟。
7. **丑、未衝**：打破砂鍋問到底，好問，鑽牛角尖，過度自信，易口角，是非多，易賠錢。財庫衝開，開銷大。凡事多阻逆。

時日月年

□□□庫：身強較能得到父母的不動產，賺錢較會放在父母處。

□□庫□：節儉自己，慷慨別人。天干如爲財，則表財入庫。

□庫□□：配偶帶庫，聚財有力。要要求繳錢回去給配偶，易堅持己見，管東管西。亦代表結婚後才較會存錢。

庫□□□：會留不動產給子女，較疼子女。亦代表生孩子後較會存錢。

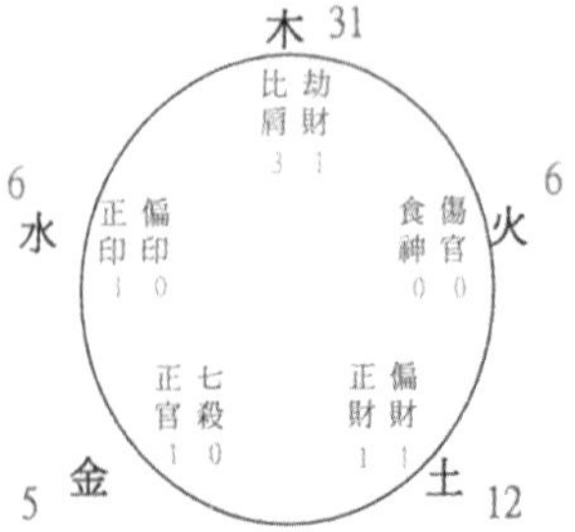

格局：建祿格
血型：A
空亡：辰巳寅卯
喜用神：火土金
忌神：木水
星座：雙魚座

姓名		性別	男	
西元	1963 年			
13	2	3	52	國曆
13	7	2	52	農曆
時	日	月	年	日期
正官	日元	比肩	正印	主星
辛 金	甲 木	甲 木	癸 水	天干
	←害	→		
未 土	辰 土	寅 木	卯 木	地支
←半三合			→	
乙丁己 木火土	癸乙戊 水木土	戊丙甲 土火木	乙 木	藏干

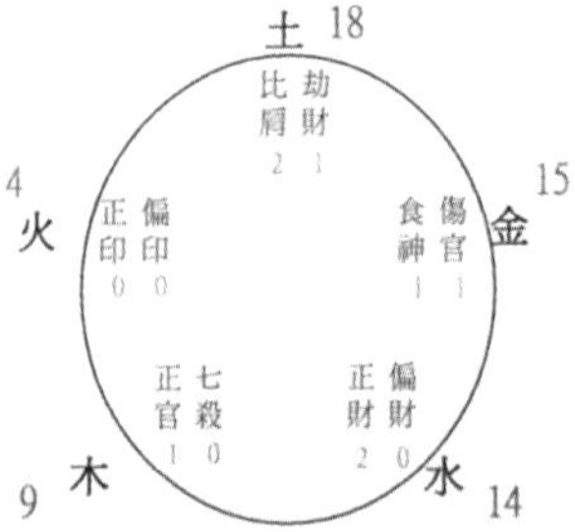

格局：傷官格
血型：A
空亡：辰巳辰巳
喜用神：土火
忌神：金水
星座：處女座

姓名		性別	女	
西元	1962 年			
14	29	8	51	國曆
14	30	7	51	農曆
時	日	月	年	日期
食神	日元	劫財	正財	主星
辛 金	己 土	戊 土	壬 水	天干
		←剋→		
	←合	→		
未 土	亥 水	甲 金	寅 木	地支
←半三合→		←害→	←沖→	
乙丁己 木火土	甲壬 木水	戊壬庚 土水金	戊丙甲 土火木	藏干

命盤15

第四節　如何查表得知身強或身弱格局

由命盤15之兩造命盤，利用以下簡表即可診斷出身強或身弱格局

【身強、身弱之診斷】

月支＼日干	甲乙	丙丁	戊己	庚辛	壬癸
寅	強	強	弱	弱	弱
卯	強	強	弱	弱	弱
辰	強	強	弱	弱	弱
巳	弱	強	強	弱	弱
午	弱	強	強	弱	弱
未	弱	強	強	弱	弱
申	弱	弱	弱	強	強
酉	弱	弱	弱	強	強
戌	弱	弱	弱	強	強
亥	強	弱	弱	弱	強
子	強	弱	弱	弱	強
丑	強	弱	弱	弱	強

1. 以日干／月支相互對應，交叉點爲「強」即爲身強，交叉點爲「弱」即爲身弱。
2. 身強者：「弱」之年走運。身弱者：「強」之年走運。

身強者一生「官／妻，財，子，祿」運勢機運較佳。身弱者一生「官／妻，財，子，祿」運勢機運較差，身弱者不得任「財官」。

第五章

由八字中的十神即可看出一個人一輩子的命運

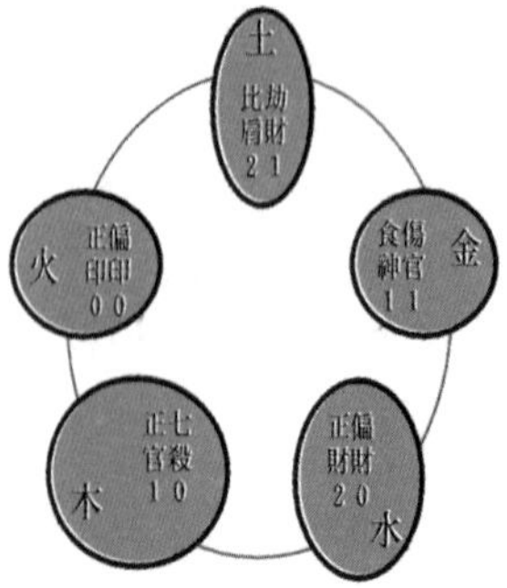

日干強弱：身弱
体檢天干：己
体檢地支：申
体檢宅命：巽命
用神：土火
忌神：金水
血型：A
空亡：辰巳辰巳

姓名		性別	女
西元	1962 年		

時	日	月	年	日期
14	29	8	51	國曆
14	30	7	51	農曆
食神	日元	劫財	正財	主星
辛 金	己 土	戊 土 ←剋→	壬 水	天干
未 土 ←半三合→	亥 水 ←害→ (亥←合→寅)	申 金 ←沖→	寅 木	地支
乙丁己 木火土	甲壬 木水	戊壬庚 土水金	戊丙甲 土火木	藏干
七殺 偏印 比肩	正官 正財	劫財 正財 傷官	劫財 正印 正官	副星
49-64	33-48	17-32	1-16	歲運
事業家庭人際關係子孫學生部屬員工	本人 外在個性	兄弟 姊妹 父親 朋友同輩	祖先 父親 上司長輩 上流人士	由天干看
事業家庭人際關係子孫學生部屬員工	配偶 創業機運	本人 內在特性	母親 祖先 上司 長輩	由地支看

103 (53歲)	100 (50歲)	97 (47歲)	94 (44歲)	91 (41歲)	年
甲 正官 午 偏印	辛 食神 卯 七殺	戊 劫財 子 偏財	乙 七殺 酉 食神	壬 正財 午 偏印	干支
五鬼	太陽	天狗	龍德	五鬼	神煞
104 (54歲)	101 (51歲)	98 (48歲)	95 (45歲)	92 (42歲)	年
乙 七殺 未 比肩	壬 正財 辰 劫財	己 比肩 丑 比肩	丙 正印 戌 劫財	癸 偏財 未 比肩	干支
小耗	喪門	病符	白虎	小耗	神煞
105 (55歲)	102 (52歲)	99 (49歲)	96 (46歲)	93 (43歲)	年
丙 正印 申 傷官	癸 偏財 巳 正印	庚 傷官 寅 正官	丁 偏印 亥 正財	甲 正官 申 傷官	干支
歲破	太陰	太歲	福德	歲破	神煞

命盤 16

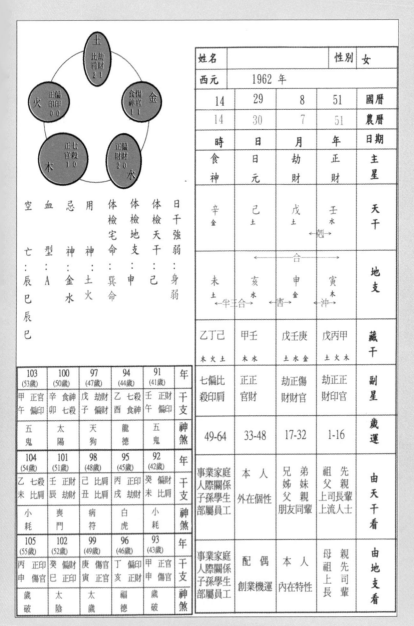

第一節　八字十神各代表的意義

由命盤16命盤中即可簡單看出十神得分，所謂十神即是比肩、劫財、食神、傷官、正財、偏財、正官、七殺、正印、偏印。

以下爲十神專論

十神乃日主與其他柱天干生、剋、制洩所訂定之專有名詞。根據諸神之性情及其在四柱各干所佔之多寡和位置，即可概括的表現出一個人的性情與六親的關係、執業的興趣取向、貧富貴賤等之吉凶特徵。

【十神之相生相剋】

天干就是「我」。「我」之五行與四柱之天干五行相比較，求得「十神」。

其中包含「生我」、「我生」、「我剋」、「剋我」、「同我」五種現象。

※「生我」之生具有庇蔭、保護、扶持、包容、學習、吸收等意義。

※「我生」之生具有表現、發揮、流暢、智慧、創新、洩秀等意義。

※「我剋」之剋具有控制、佔有、操控、擁有、迷戀、執著等意義。

※「剋我」之剋具有管理、領導、約束、提拔、處罰、決策等意義。

※「同我」之同具有競爭、動力、意識、協助、操作、組織等意義。

【十神口訣】

生我爲印P（正印、偏印）　我生爲食傷（食神、傷官）

剋我爲官殺（正官、七殺）　我剋爲財才（正財、偏財）

同我爲比劫（比肩、劫財）

※陽見陰，陰見陽：正印、傷官、正官、正財、劫財。

※陽見陽，陰見陰：偏印、食神、七殺、偏財、比肩。

※官怕傷，傷官見官，禍害百端。

※財怕劫，被劫則分。

※印怕財，貪財則壞。

※食怕梟，梟印奪食，逢梟則奪。

【十神相剋】

七殺制比肩，正官剋劫財。（官殺　剋　比劫）

比肩奪偏財，劫財奪正財。（比財 剋 財）

偏財破偏印，正財破正印。（財 壞 印）

偏印制食神，正印制傷官。（印 剋 食傷）

食神制七殺，傷官制正官。（食傷 制 官殺）

【十神相生】

偏印生比肩，正印生劫財。（印 生 比劫）

比肩生食神，劫財生傷官。（比劫 生 食傷）

食神生偏財，傷官生正財。（食傷 生 財）

偏財生偏官，正財生正官。（財 生（養） 官殺）

七殺生偏印，正官生正印。（官殺 生（護） 印）

【十神與六親之關係】

日干	年月時干	十神(太歲宿命星)	男命	女命
乙陰	乙陰	比肩(簡稱：比)	兄弟，朋友，同事，同行，股東，同輩	姊妹，朋友，同事，同行，股東，同輩
甲陽	甲陽	比肩(簡稱：比)		
陰	甲陽	劫財(簡稱：劫)	姊妹，異性朋友，同行，股東，競爭者	兄弟，異姓朋友，同行，股東，競爭者
陽	乙陰	劫財(簡稱：劫)		
陰	丁陰	食神(簡稱：食)	岳父母，晚輩，學生，部屬，下游廠商	女兒，晚輩，學生，部屬，下游廠商
陽	丙陽	食神(簡稱：食)		
陰	丙陽	傷官(簡稱：傷)	祖母，晚輩，學生，部屬，下游廠商	兒子，晚輩，學生，部屬，下游廠商
陽	丁陰	傷官(簡稱：傷)		
陰	戊陽	正財(簡稱：財)	妻子	父親
陽	己陰	正財(簡稱：財)		
陰	己陰	偏財(簡稱：才)	父親，小妾	未婚前：父親 結婚後：婆婆
陽	戊陽	偏財(簡稱：才)		
陰	庚陽	正官(簡稱：官)	女兒	丈夫
陽	辛陰	正官(簡稱：官)		
陰	辛陰	偏官(簡稱：殺)	兒子	情夫：小姑
陽	庚陽	偏官(簡稱：殺)		
陰	壬陽	正印(簡稱：印)	母親	母親
陽	癸陰	正印(簡稱：印)		
陰	癸陰	偏印(簡稱：P)	繼母：祖父	繼母，祖父，祖母
陽	壬陽	偏印(簡稱：P)		

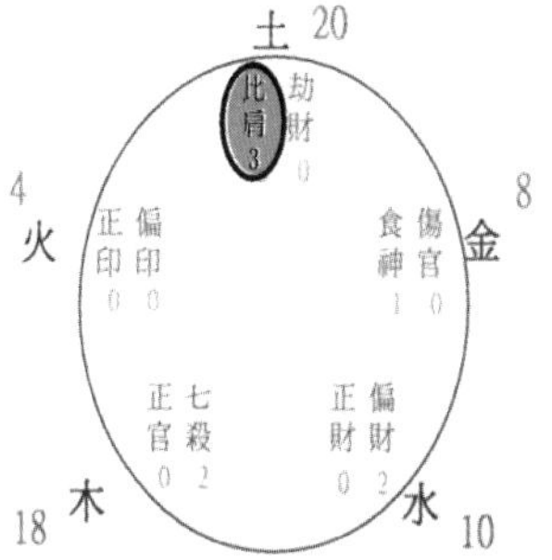

星座：獅子座
忌神：木
喜用神：土火
空亡：辰巳申酉
血型：A
格局：偏印格

姓名		性別	女
西元	1963 年		

	時	日	月	年
國曆	17	4	8	52
農曆	17	15	6	52
日期	時	日	月	年
主星	偏財	日元	比肩	偏財
天干	癸 水	己 土	己 土	癸 水
天干關係	←剋→（時—日）；←剋→（時—月）	←剋→（日—年）		←剋→（月—年）
地支	酉 金	卯 木	未 土	卯 木
地支關係	←沖→（時—日）；←沖→（時—年）	←半三合→（日—月）	←半三合→（月—年）	
藏干	辛 金	乙 木	乙丁己 木火土	乙 木
副星	食神	七殺	七殺 偏印 比肩	七殺
十二運星	長生 49-64	病 33-48	冠帶 17-32	病 1-16
特星神煞	血刃 學堂 文昌	將星	血刃 華蓋	將星

歲	72-81	62-71	52-61	42-51	32-41	22-31	12-21	2-11
大運	丁卯	丙寅	乙丑	甲子	癸亥	壬戌	辛酉	庚申

年	103 (52歲)	100 (49歲)	97 (46歲)	94 (43歲)	91 (40歲)
干支	甲午 正官 偏印	辛卯 食神 七殺	戊子 劫財 偏財	乙酉 七殺 食神	壬午 正財 偏印
神煞	太陰	太歲	福德	歲破	太陰
年	104 (53歲)	101 (50歲)	98 (47歲)	95 (44歲)	92 (41歲)
干支	乙未 七殺 比肩	壬辰 正財 劫財	己丑 比肩 比肩	丙戌 正印 劫財	癸未 偏財 比肩
神煞	五鬼	太陽	天狗	龍德	五鬼
年	105 (54歲)	102 (51歲)	99 (48歲)	96 (45歲)	93 (42歲)
干支	丙申 正印 傷官	癸巳 偏財 正印	庚寅 傷官 正官	丁亥 偏印 正財	甲申 正官 傷官
神煞	小耗	喪門	病符	白虎	小耗

命盤 17

第二節　由十神論斷個性及六親對待

由上一章節得知十神的相對應人位及相互生剋狀況

由命盤17命盤中得知此人有三個比肩，所以很顯然會有以下所述狀況。

診斷標的以八字中有哪一個十神在哪一柱爲主。

依八字十神特性可診斷出你可能會有以下的特性，好的請保持，不好的請儘快改進。

比肩：本命中帶有「獨立自主、重朋友」的特性

優點	缺點
具有強烈之自尊心與自信心，有自知之明，凡事量力而爲，不貪非分之想，樂觀進取，堅毅不屈，不懼不畏，獨立自主，言而有信，意志堅定，凡經決定之事情，必定堅持到底，絕不輕易改變，與朋友之情眞摯，不輕易向他人低頭，一心渴望與他人並駕齊驅，對自己充滿信心，堅守崗位，努力工作，達成目標。	比肩若太旺爲忌則頑固不通，剛愎自用，凡事堅持己見，不易與人溝通，以致易與人發生爭執。凡事先爲自己，不考慮他人立場，也缺乏容人之雅量，因此不容易與他人打成一片，交友雖廣，卻難得知己，表面縱使柔順，內心也十分剛強，不能付出關懷，以致自己遇到困難時，也不易獲得外援，表面雖然口口聲聲讚美別人，心裡卻極爲不服。具有抗上之心，較得不到上司之提拔與器重。

1. 身強者

本性不太相信別人，較獨立孤獨，生活中不管人、事、物常會與人相互爭取或計較，同時一定會出現競爭者，感情易出現困擾（比較會失戀），好勝不服輸，善交際，又好客。個性獨立，不喜交友，因有過分悲傷的經驗。

【身強、身弱之診斷】

月支＼日干	甲乙	丙丁	戊己	庚辛	壬癸
寅	強	強	弱	弱	弱
卯	強	強	弱	弱	弱
辰	強	強	弱	弱	弱
巳	弱	強	強	弱	弱
午	弱	強	強	弱	弱
未	弱	強	強	弱	弱
申	弱	弱	弱	強	強
酉	弱	弱	弱	強	強
戌	弱	弱	弱	強	強
亥	強	弱	弱	弱	強
子	強	弱	弱	弱	強
丑	強	弱	弱	弱	強

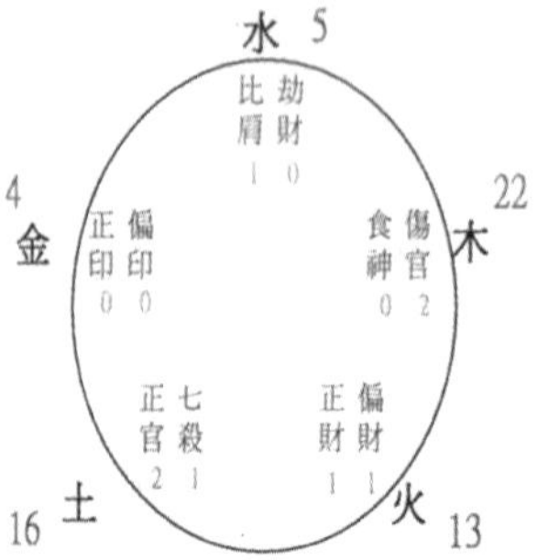

格局：從勢格

血型：A

空亡：寅卯子丑

喜用神：木火土

忌神：金水

星座：雙魚座

姓名		性別	男
西元	1965 年		

時	日	月	年	
13	9	3	54	國曆
13	7	2	54	農曆
時	日	月	年	日期
正財	日元	正官	傷官	主星
丁 火 ←合→	壬 水	己 土 ←剋→	乙 木	天干
未 土 ←半三合→	戌 土 ←合→	卯 木	巳 火	地支
乙丁己 木火土	丁辛戊 火金土	乙 木	戊庚丙 土金火	藏干
傷正正 官財官	正正七 財印殺	傷官	七偏偏 殺印財	副星
養 49-64	冠帶 33-48	死 17-32	絕 1-16	十二運星
血刃	華蓋	桃花 天乙貴人	亡神 天乙貴人	特星神煞

72-81	62-71	52-61	42-51	32-41	22-31	12-21	2-11	歲
辛未	壬申	癸酉	甲戌	乙亥	丙子	丁丑	戊寅	大運

103 (50歲)	100 (47歲)	97 (44歲)	94 (41歲)	91 (38歲)	年
甲 食神 午 正財	辛 正印 卯 傷官	戊 七殺 子 劫財	乙 傷官 酉 正印	壬 比肩 午 正財	干支
太陽	天狗	龍德	五鬼	太陽	神煞
104 (51歲)	101 (48歲)	98 (45歲)	95 (42歲)	92 (39歲)	年
乙 傷官 未 正官	壬 比肩 辰 七殺	己 正官 丑 正官	丙 偏財 戌 七殺	癸 劫財 未 正官	干支
喪門	病符	白虎	小耗	喪門	神煞
105 (52歲)	102 (49歲)	99 (46歲)	96 (43歲)	93 (40歲)	年
丙 偏財 申 偏印	癸 劫財 巳 偏財	庚 偏印 寅 食神	丁 正財 亥 比肩	甲 食神 申 偏印	干支
太陰	太歲	福德	歲破	太陰	神煞

命盤 18

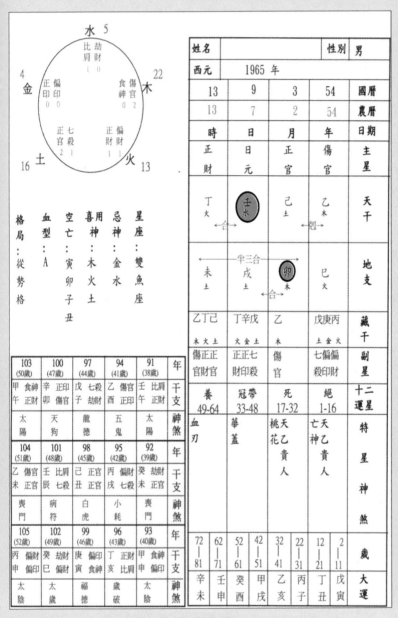

由命盤18命盤可看出此人爲身弱格，所以會有身弱時的那種現象

2.身弱時

爲人喜歡我行我素，不喜歡束縛，決定一件事後，任何人都無法改變他，在理財行爲上也儘量不要跟會（民間會），儘量不要合夥，易被掠奪。

3.比肩+劫財同時出現（比劫過重）

個性陰沈，不喜表達心中意願，但一被恨到，則難翻身之時，永不與對方講話。善於詢問但對自己沒信心，故常改變決定。

錢不要借人，不要跟會，不要合夥，易被劫走，常掉東西，外表樂觀，內心想不開，有輕生念頭，較憑直覺做事，一生感情困擾，剪不斷理還亂，人情包袱很重。（太重人情）要提防落入紅塵之環境，耳根軟，心神較不專一易分神，常往壞處想。

常聚一群趕不走卻對其沒幫助的朋友，易與朋友間產生紛爭或爭財事，好事難成，易走入不好的環境中。

比肩在

年柱：小時侯跟父母親花很多錢。或一輩子錢財被父母或長上劫走。

穩健平和，小時候好玩、不喜歡讀書、好交朋友，有錢與人平分共用，小時候家庭經濟陷入危機、爲錢煩惱、父母缺錢或自己身上花錢（看病），家境不好，一出生家境就不富裕，從小就優柔寡斷，乖巧懂事，身兼數職（分擔起家擔）。

月柱：兄弟姊妹排第一，重視自己和朋友，先生或太太排最後，因此常遭先生、太太埋怨，親兄弟姊妹不會幫忙，須靠自己打拼，有錢兄弟朋友多、沒錢時無人過問，常爲了錢財與人反目，但有錢會借人家。

十六歲至三十三歲家中會比較困頓或結婚後會經濟較差，看到喜歡的對象說不出話來，不善表達，感情易被劫奪，喜歡的人不會是現在的夫或妻。

日柱：1.藏干比肩，配偶重視朋友、兄弟、姊妹遠超過於你。

2.配偶性格剛毅敏捷，思想與己相似。

3.追求比己年長、成熟之異性爲伴侶較依賴配偶。

時柱：年老時生病吃藥效果不好，與子女互不喜歡同住在一起。累積一生的錢財到了晚年容易流失，疼兒女，事業上和同事間競爭大，不想依靠子女，做事容易改變決定，故事業難成就。

兒女過分疼惜捨不得讓他們學習或做事，故較無求生本能且沒自信心。

命盤中有劫財：本命中帶有「獨立自主、重朋友」的特性

優點	缺點
往往具有獨特突出，獨樹一格之性格，有優異之外交能力與口才，特別是善於在社交場合製造氣氛，控制局勢，以博取他人之好感，心思敏捷迅速，善於見風轉舵，迎合時尚及他人之需以及環境之因應，可說是具有優異之應變能力，同時又具有行動力，操作慾，謀事積極，勇往直前，冒險犯難，鬥志昂揚，不顧生死之特性，也具有薄己力他之心。但因具有雙重性格，外表與內心經常自我衝突，自相矛盾，表裡不一，因此朋友來得快也去得快。	內心經常自相矛盾、自我衝突，以致性情陰晴不定、忽冷忽熱，難以捉摸，有時薄己利他，有時又嫉妒他人之成就，野心過大，求功心切，往往不經思考就貿然行動，以致一敗塗地。有時又不顧一切孤注一擲，而弄得無法收拾。做事橫衝直撞，有勇無謀，動不動就想用武力解決，不計後果，招致不可收拾之後果。不善於處理金錢，對朋友十分慷慨，因此易因兄弟或朋友之事與配偶發生之爭執，對外面之女性十分體貼多情，但對妻子卻顯得冷漠。

1.男命帶劫財

容易失戀，婚前交女友易有人爭，要做什麼前最好不要先說。否則易破功，對老婆較沒安全感。

2.女命帶劫財過重

易當老二，劫財於任一柱時，戀愛的另一半會出現追求者，所以失戀的機會很大，且是刻骨銘心的失戀。（劫一個就會失戀2～3次）

年柱：小時候跟父母親花很多錢，或一輩子錢財被父母或長上劫走。

小時候家裡會發生事故，會分攤家庭經濟，容易欣賞成熟的異性（早熟），容易跟人吵架，好玩，好交朋友。

父母是他一生最大的掛記（時常記憶小時候），出生時正逢家中最困窘的時候。

從小就體恤又很懂事。

月柱：兄弟姊妹排第一，重視自己的朋友，先生或太太反而排最後，因此常遭先生或太太埋怨。易被朋友分割感情（如男、女朋友），早年生活非常辛苦。

會為朋友，平輩，兄弟姐妹而失財，付出多，會替人擔憂，別人不一定會幫忙，有錢兄弟多，沒錢無人過問，錢是有借無還。容易被欠錢，且不好意思去要回來，結婚後就開始走拮据的人生。

日柱： 1. 劫財，配偶易破財。

2. 夫妻常有感情困擾之事。

時柱： 年老時生病吃藥效果不好，與子女互不喜歡同時住在一起。事業被夥伴及子女劫財，很疼兒女，有求必應，凡事不能堅持晚年財務不好，借人家錢不敢要回來，越老越自卑，自尊心強之故，大都不跟子女同住，答應了，卻常常反悔改變，子女對外求生能力弱。

命中有食神：本命中帶有「斯文、歡喜心」的特性（按條理走，較有口福且口感特好，總能找到好吃的食物，有氣質，纖細柔美。

優點	缺點
氣質清高，溫文儒雅，性格開朗，精神和暢，聰明細膩，通情達理，寬容厚道，和平善良，不與人爭，驕而不傲，感情豐富，優游自足，思想清新脱俗，喜愛美好事物，表達流暢，重視情調，調和精神與物質之均衡發展，對於文學、藝術、歌舞等具有偏好與關心，且有敏銳之感受力，精於飲食之道，一生衣食豐厚。與人相處含蓄保守、溫厚有禮，表達生動但不誇張，雖出風頭但含蓄而不露鋒芒。喜於付出但不強求回報，活潑乖巧而不任性叛逆，謀事專一，習一技而至精純，故能深入而成專家。	由於思想清高，容易養成自命不凡之心性，有時因理想過高以致與現實脱節，喜歡優游自足、無拘無束之生活，也意沉迷於遊樂，忽視現實生活，失去奮發進取之精神，做事雖有耐心，卻常感體力不支，容易疲勞，或由於思考旺盛，喜歡動腦筋而引起腦神經衰弱或頭疼。幻想過度而至空虛寂寞之感。或因理想太高、太多不能實現，每有懷才不遇，有志難伸之感。

1. 身弱

才華不顯（無法用來賺錢），體力較不好。身弱較不穩定，樣樣都想學，卻樣樣都不精。雕樑小技。（若成爲從兒格或從勢格則反之）

2. 身強

眞的有才華（較能賺錢），身強較會將讀書所學之才華應用於生財之道，較能發揮實才。

3.食神和傷官多

常因自負而斷送財根，對自己過分自信，而難聽他人意見。（若成爲從兒格或從勢格則反之）

年柱：小時候很快樂，較會思考，頭腦好、讀書學習靜得下來。聰明、學習力強、小時候很會讀書，一出生就有得吃，家境不錯，小時候體衰力弱，是父母親最操心的小孩，父母是靠胼手胝足奮鬥的人，不靠祖業的人。

月柱：從小就聰明伶俐，善體人意，工作上不論文或武都可勝任。會研究及發明東西，交的朋友都不錯也很有才華，能運用頭腦賺錢、較有食祿，適合文學及翻譯人員，所交的朋友中也易引來官司訴訟（逢官時），不喜用祖德，而想靠自己的雙手獨立賺錢。

日柱：1. 藏干食神，配偶有才華，較喜樂，易發福。
2. 配偶性格敦厚寬宏，夫妻間追逐互不拘束，配偶身材較豐厚。

3.自身行事緩慢，企畫力強，但實踐力弱。

4.女命如逢偏印剋制易剋損子息或生產時較不順。

5.口才佳，感情重實質生活。

6.配偶較風流，注重性生活之協調。

時柱：長壽，老年快樂（食神）肚量大，晚年較會吃素、女命注意流產。（逢P時）早出社會容易付出，喜歡兒孫滿堂，煩惱約只停留五分鐘，男命爲祿壽，女命爲子息。

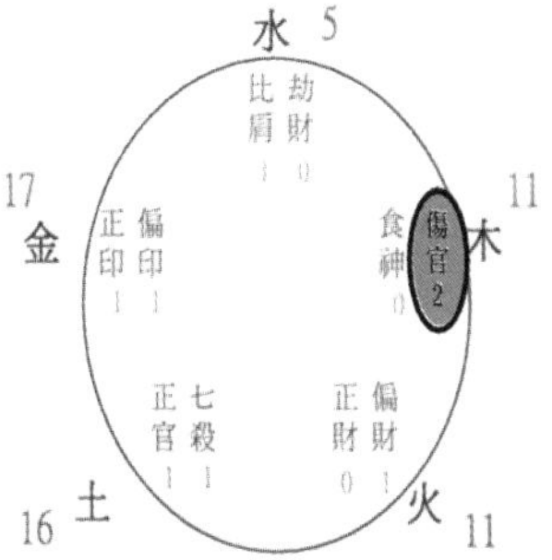

格局：正官格

血型：AB

空亡：寅卯戌亥

喜用神：水金

忌神：土

星座：天蠍座

姓名			性別	女
西元	1967 年			
3	5	11	56	國曆
3	4	10	56	農曆
時	日	月	年	日期
傷官	日元	正印	偏財	主星
甲 木	癸 水	庚 金	丁 火	天干（剋、剋）
寅 木	酉 金	戌 土	未 土	地支（半三合、害）
戊丙甲 土火木	辛 金	丁辛戊 火金土	乙丁己 木火土	藏干
正官 正財 傷官	偏印	偏財 偏印 正官	食神 偏財 七殺	副星
沐浴 49-64	病 33-48	衰 17-32	墓 1-16	十二運星
劫煞 金輿	天醫 將星	魁罡	飛刃	特星神煞

72-81	62-71	52-61	42-51	32-41	22-31	12-21	2-11	歲
戊午	丁巳	丙辰	乙卯	甲寅	癸丑	壬子	辛亥	大運

103 (48歲)	100 (45歲)	97 (42歲)	94 (39歲)	91 (36歲)	年
甲 傷官 午 偏財	辛 偏印 卯 食神	戊 正官 子 比肩	乙 食神 酉 偏印	壬 劫財 午 偏財	干支
病符	白虎	小耗	喪門	病符	神煞
104 (49歲)	101 (46歲)	98 (43歲)	95 (40歲)	92 (37歲)	年
乙 食神 未 七殺	壬 劫財 辰 正官	己 七殺 丑 七殺	丙 正財 戌 正官	癸 比肩 未 七殺	干支
太歲	福德	歲破	太陰	太歲	神煞
105 (50歲)	102 (47歲)	99 (44歲)	96 (41歲)	93 (38歲)	年
丙 正財 申 正印	癸 比肩 巳 正財	庚 正印 寅 傷官	丁 偏財 亥 劫財	甲 傷官 申 正印	干支
太陽	天狗	龍德	五鬼	太陽	神煞

命盤 19

由命盤19命盤中可看出此人有兩個傷官，顯然就會有以下所述的現象

傷官：本命中帶有「易被感動、男英俊、女俏麗」的特性（凡事惜情，重感情，過分感情用事）

優點	缺點
博學多能，多才多藝，活潑善辯，表達流暢，聰明足智，機靈敏銳，深謀遠慮，領悟優異，創意豐富，理想高遠，滿腔抱負，活力充沛，鬥志高昂，重視他人對自己之肯定，有不斷超越他人之慾望，學習能力強。易成英雄人物，大都相貌清秀或博學多能。由於口才流利，表情豐富，故很適合往演藝、歌唱、舞蹈方面發展，也可以從事廣播、新聞報導、節目主持人等利用口才之工作事業，並且對於藝術美學之感受敏銳，頗具靈性，因此也適合從事畫家工作或自由業、古董或精密技術方面發揮。	由於領悟學習能力優異，因此興趣廣泛，博而不精，不能量力而爲，往往做出超越本身能力之事，而招致失敗，由於領悟力強，博學多能，故往往養成恃才傲物，任性乖張，驕傲自大，一意孤行，無法接納忠言，厭惡禮俗拘束，易傾向狂妄乖張，蔑視法令，爲達目的，不擇手段，或以私害公，傷人自尊，招來禍患，財多則貪得無饜，好管閒事。傷官好勝逞強，乖戾不馴，愛出風頭，感情用事，主觀強烈，做事容易情緒化，招來許多誤會。男性宜盡量克制私慾，女性宜注意修心養性，以免違反倫常、觸犯法律。

1.偏印+傷官同現（獨斷又缺乏自信，常做了後悔，又不願承認）

會常恍惚不知想什麼，才華亦不穩定，重邏輯，表現慾強，理解力強，多學不專，急性

喜自由，易感動，易受外在事物影響。

2.傷官多者（有二個以上）

血光、破財、官司、車關、一生災難不斷，驕傲自負，常因自負而斷送財根。做事反反覆覆而不自知，破壞自己格局，看不得他人比自己好。易有精神病發現象或導致配偶送精神病院。

3.比肩、傷官過重之「女子」

比較容易從事八大行業也較容易多愁善感。

環境較差，處處須自己眼明手快打點。

把自己的環境看得較悲哀，個性上比較不願落人於後，所以比較敢衝。

4.傷官多（二個以上）

剛愎自用、學東西很快、學了就走，凡事學習力強，相對看不起學不會者。

男性一生難有成就，女性一生愛做、愛唸、愛挑剔，又是直腸子的人。

5.帶食神十傷官者

做事默默的做、不要強出頭、等人發現，一體兩面拿捏得很好。

年柱：與長上不易溝通，十六歲如遇傷官須特別注意災難，父母感情有問題。有較悲傷的童年（身強），幼時體弱多病（身弱），家道逐漸走下坡、小時候愛出鋒頭，自卑感較重。

月柱：與兄弟姊妹較不親近、思想奇異，氣躁情烈反應靈敏，反應好，點子多，易走極端（男命）。兄弟姊妹無助，不管家財多否，凡事喜歡「靠自己」。女命：夫妻相處感情較易發生問題。

日柱：1.藏干帶「傷」者，男命：夫妻間該多溝通。女命：丈夫龜毛，比丈夫兇。

2.配偶間易互相猜忌，男命事業心重，不易納妻言。女命有凌駕丈夫之心態，易有婚變之兆，夫妻行事較難達成共識。

時柱：女孩子易流產，男孩子較不易得子，身強晚年不易與自己子女溝通。子孫較頑強難以教養，一有名聲地位就會被傷害。

易傷到子女，小孩愈大愈難教養或「教導」，有時候會沒有下一代（易流產）老年壓力大、身體較不好，小時候是家中父母的麻煩，也是父母操心的對象。

本命有正財：（身強用）本命中帶有「愛玩、有歡喜心、喜愛熱鬧、有異性緣、疼老婆、節儉、做事固定、賺錢機會多、有家庭責任、滿足慾低、好溝通、閒不住、缺恆心」的特性。（固定資產、定期存款、房子、穩定股票、穩定工作。「男命」喜成熟的女人，菩薩心腸，自己有時也希望旁邊的人擁有）。

優點	缺點
爲人節儉，重視信用，安分守己，量力而爲，不貪非分，正直不阿，嫉惡如仇，不喜投機，不喜鑽營，刻苦耐勞，任勞任怨，辛勤努力，按部就班，珍惜金錢，點滴致富，家庭觀念濃厚，對妻兒盡責，知足常樂，腳踏實地，保守中庸，不標新立異，不惹事生非，不出風頭，不鉤心鬥角，目睹爲信，不信邪魔歪道，重視物質生活，缺乏精神調劑。	由於重視物質追求，缺乏精神調節，以致精神空虛，所謂「家富心窮」。又貪圖安逸，享受現成，好逸惡勞，苟且偷安之心態，常因過於計較金錢得失，被認爲守財奴、吝嗇鬼，除了對女性不吝其財之外，對家族、親友均斤斤計較，讓人認爲薄情寡義。做事過於守本分，謹慎過度，缺乏勇氣與魄力去追求變化與突破，故其生平事業較平淡無奇，缺乏轟轟烈烈之表現與成就。做事保守，進取不足，缺乏耐心，往往虎頭蛇尾，半途而廢，斤斤計較，因小失大，單調刻板，憨厚有餘，權通不足，不願吃苦，欠缺責任心與榮譽感，容易流於怠惰之習慣。

1.男命：有兩個正財者有結兩次婚的機會（會因離婚或喪偶）。八字無財不疼老婆，就是疼也表達不出來。

2.天干有正財、偏財，而地支無庫，一生財來財去。表面看似有，但內在未必有。

3.正財多好溝通、會講好話，且很有異性緣，有歡喜面。

年柱：小時愛玩、不喜歡讀書，家境好，有祖產，賺錢機會點多，且賺錢容易，得祖產機率高，家裡是媽媽掌管經濟，考試很棒。

身強：小時候伸手就有錢、家境不錯。

身弱：小時候家裡缺錢，缺錢時長上可提供資源，或不斷供應財源，甚至結婚後亦同。

月柱：出社會愛賺錢、賺錢容易，也很容易滿足，不喜歡唸書，會半工半讀。很早賺錢，但發揮力不足，反無法發揮其力道，與現今社會快速躍動有接續不上之嘆。）

日柱：1.藏干正財，男命妻賢美多助，更易獲妻財。

2.女命丈夫具正財優缺點特性。

時柱：老年喜愛遊山玩水、不缺錢、較有錢，子女賺錢容易也很快，自己有積蓄，煩惱容易排除。

身強：年紀大時有錢喜歡遊玩，孩子收入生活都不錯。

身弱：須時時追錢，但保守者不會，且會擁有固定資產。

命盤中有偏財：（身強用）本命中帶有「不看重錢財、正常上班者易多角投資、錢來得快去得也快、善理財、賺錢比人快、流失也快、感情不專有困擾」的特性，喜歡把一生當成賭注，看女人喜看妹妹，交際手腕好。

優點	缺點
慷慨豪邁，圓滑機智，精明幹練，精力充沛，坦白誠實，淡泊名利，豪爽俠義，樂於助人，風流多情，做事乾淨俐落、速戰速決，頭腦靈活，樂觀進取，不爲艱難，舉止軒昂，交際手腕靈巧，善於把握機會去賺取錢財。安排事物有條有理。凡事拿得起放得下，而且不過於執著於錢財。生涯中多機緣巧遇，因此常有意外收穫。在金錢與女緣方面常有戲劇性的得失。	由於性格慷慨豪邁，不太珍惜金錢，以致奢侈浪費、一擲千金，毫不知惜，極易破敗家業。又因喜歡逗留在外、鑽營錢財。加上其圓滑機智之交際手腕且又出手大方，故容易贏得女人歡心或沉迷於酒色之中，以致揮霍家業而不知節制。感情不專，態度輕挑，玩世不恭，往往容易引起家庭革命，而影響家庭之安定性。由於對金錢不執著，以致開銷也大，如果經營企業則應注意企業業績之大起伏，尤其在凶運時更應注意，否則容易危及企業之生存安危。偏財爲忌時，則會有詐欺之行爲。

1. 八字無正財、偏財，會不懂賺錢又吝嗇，不會疼老婆。
2. 男命偏財旺，易離婚，婚姻易不美。

3.女命正財旺或偏財旺，喜歡賺錢，較喜歡不動產，
4.偏財多表不愛正妻只愛妾（需視環境）。
5.偏財不宜任大官，會玩股票或再從事其它投資。

年柱：祖產有，一生有好玩的、好吃的、好用的，與父親溝通不良，家境好，不喜歡唸書。

小時候就會作生意，想賺錢較不喜歡讀書，早期有賺錢，但守不住（曾經擁有過），有祖產，較貪玩，父親會是你一生的目標榜樣。

對父親有難以言喻的情懷，小時候是你很快樂的回憶。會將父親當成你一生爲人處事的標桿。

月柱：出社會很愛賺錢，做人易「親近」，也易從事大票的金錢遊戲，賺錢容易不重視金錢。讀書時邊讀邊玩，出社會就很會賺錢，社交應酬一流故錢易「留不住」，不重視錢財，天性好賭成性。

日柱：1.藏干偏財，配偶具偏財之優缺點。
2.配偶精明能幹銳利，行事爽快，不拘小節，男命有寵妾傷妻之傾向。女命之能

力較夫賢能，不論男女命宜晚婚可免家庭風波。

時柱：老來富，賺錢能力比一般人強、越老越想賺錢。

身強者為所有命盤賺錢最厲害的，可以有「大事業」，但須置不動產，否則因不重財，來得快去得也快，自己不要理財，交給專家。

本命有正官：（身強用）本命中帶有「光明正大的心態，但不積極、爲人愛面子，是人人心中的好朋友」的特性。

優點	爲人品行端正，光明磊落，正直保守，心地善良，秉公尚義，知理守法，負責重信，熱心服務，安分守己，不貪非分，重視紀律規範，做事認眞負責，待人處事，客觀理性，有識人之眼光，具管理之能力，重視精神生活，樂於服務人群，嚴以律己，寬以待人，深得信任與尊敬。
缺點	做事按部就班，一板一眼，循序漸進，事多牽掛，瞻前顧後，刻板謹慎，缺乏積極，墨守成規，缺乏變巧，魄力不足，優柔寡斷，往往臨事猶豫以致坐失良機。

1. 女命正官出現在年或月柱

早婚機率高且早熟，疼老公，礙於好面子，故縱使不好也絕口不提，甚至不喜人說她任何不好。

2. 命帶正官十比肩

不可爲朋友做擔保人，一生注意官非訴訟。

3. 女命「身弱」帶正官十七殺

一生感情糾纏不斷、爲情所困；「身強」懂得運用，有幫夫運，懂得運用人際桃花。

年柱：家教嚴「好」，小時候愛哭，考運好，小時候很認眞讀書、家境好。小時候家教很好，常是班上的幹部。蔭父母「賺錢、發財」，女孩子男朋友早出現（易有戀父情結）。

月柱：別人心目中的好朋友，出社會名聲、地位往上揚，「身強」讀書運好，考運好，會交到好朋友，講話會被肯定。讀書時常拿獎狀，名聲、地位好。身弱：出社會爲了有好名聲，找工作只想找好看的工作，女人常爲男人而身累俱疲。

日柱：1.藏干正官，反應力極佳，太太端莊高貴，中年大發。

2.配偶易爲公教人員或主管級，性格率直，不擅掩飾，生活方式較單調。

3.夫妻彼此較重視精神感受及生活之協調。

時柱：老來名聲好、小孩能力好，部屬很棒，男重地位。

身強年紀大時，名聲地位好，兒女都有成就，名氣響。

身弱則壓力大，常被兒女壓得透不過氣來（兒女如父母）。

本命中有七殺：本命中帶有「積極、不是懦夫」的特性。

優點	爲人威嚴有權，智略明敏，志大進取，勇敢果斷，抑強扶弱，嫉惡如仇，鬥志昂揚，見義勇爲，光明正直，不善虛僞，具優秀之直覺判斷力，勇於突破環境，開創新機。明察秋毫，綿密細緻，運籌帷幄，善於策畫，具領導權威，能得部屬及子女之敬畏。
缺點	謀事採取競爭手段，因此十分費力，個性剛倔有時過於偏激，使別人難以接納，造成怨言，甚或樹敵招恨，常因不滿現狀而欲突破創新，以致帶來人生波動，有時陷入困境，孤苦無援。多年友情也常因一時之衝動魯莽而失去友誼。偏官過旺時容易變成陰沉好殺之性，爭強好勝，猜忌多疑，不太信任他人，以致孤軍奮鬥，事倍功半，備極辛勞。

1. 女命帶正官+七殺

異性緣好（容易與男人發生性關係）。報復心強，天干做事喜直接，地支做事善耍陰謀，做事喜明來又暗做，不喜表露心事，陰沈神秘，異性緣較亂。

2. 女命身強帶七殺

玩弄男人在掌心（有操控權），敢愛敢恨。

3. 女性七殺多

看人眼睛尾易勾魂，喜側眼看人，應該多理性思考、思想較正確，才不會被人覺得很凶悍。

4.命帶七殺（身強用）

果斷力強，敢愛敢恨，阿莎力，凶狠氣躁，專制霸道，積極公關能力強。

報復心強，有仇必報，但會選時機。

5.身強帶七殺

公關第一，有幫夫運，不碰沒事，一碰家事就會有破壞的東西。

6.身弱帶七殺

易遭意外，做事較不積極，常遭血光。

7.八字無正官及七殺

說話不重不威，沒人聽得下去，女性不疼丈夫，男性難以出頭。

8.命帶七殺

敢愛敢恨，受欺侮、委屈永遠記得，記恨難忘記，出生時父母見血光刀傷。

年柱：女孩子易不小心而失身，小時候身體不好，較難教育或養育，不聽話，家教甚嚴，管教方式爲打、罵，身上臉上易帶疤痕（身強不會），小時候不好帶，易有災難，爬高爬低。

月柱：身體不好（身弱），出社會名聲地位往上爬。（身強）出門有多少就花多少，花錢阿莎力。

日柱：1.藏干有「殺」者，配偶多半個性剛毅、暴躁，但身強者較好些。逢支合就不明顯，逢支衝就相當的明顯。

2.配偶精明能幹豪放，善外交，個性急躁、剛烈、倔強。易體弱多病且責任壓力皆重

時柱：事業常常會因有突來意外，而抹煞掉先前的投入，太急不易成功。

孩子不易照顧，須操煩小孩，老年愛漂亮，女命老年仍有人追求，子女難教養，生意人常煩惱事業，壓力沉重。

喜歡打罵孩子，兒女好動不易管教，常惹事生非，人生到老還在追逐舞台，一生難以放下名與舞台。

本命有正印：本命中帶有「權力、慈悲、心軟」的特性（像哲學家、文藝家）。

優點	缺點
正印之人氣質優雅，智慧聰穎，寬容善良，仁慈敏慧，不計仇恨，重視學問之充實、品德之修養，與精神之調劑。清高自負，自遠小人，自勵自愛，方正親切，重人情、愛面子，信仰宗教，先知先覺，易得名聲，易掌權貴，常得貴人之提拔，能享現成之福氣。	由於重視精神生活，往往會自視清高而輕視金錢，本性木訥而不善營謀，雖有先知先覺之智慧，卻會容易脫離現實、不切實際，缺乏應變能力，且不善於察言觀色，不善於鉤心鬥角，也不願同流合污，但又愛面子而打腫臉充胖子，會掩飾自己的過失，嚴重時甚至虛偽欺詐，以致觸犯法網。

1.男命命帶正財十偏印

此生較會有婆媳間的問題，最好婚後婆媳間應多多溝通。

2.帶正印者

為人較正派，做事較確實，所以會惹人疼愛，尤其身弱者。

小時候特別受父母寵愛，易得到財產機會較大。

祖德甚好，小時候長輩較會帶往宗教的地方參予活動，身強印多，一生壓力重重，難解煩悶。

3.命帶正印＋偏印

爲人心性不定，優柔寡斷，不易相信人。

年柱：女命正印剋食傷。印太多不容易有子息。

祖產、地產有但不一定値錢，大多家族由女大人主管著，爲人孝順父母。

月柱：表在社會中較常會接觸到宗教的人，喜歡到宗教場所，貴人多。

日柱：1.藏干爲印者，配偶品格氣質佳，且爲人厚道，斯文有理。

2.配偶工作易屬文職，婚姻生活上盼望得到配偶之呵護照顧，配偶性格穩重、踏實，年紀較己爲大。

時柱：表年紀大時想靜、想修，晚年想修道、易接觸宗教環境、皈依或出家或吃素，喜愛安靜，老年易得老人癡呆症。

本命有偏印：（身弱用）本命中帶有「愛插嘴、點子多、反應快、【道、密宗，較不易贊同別人的想法」的特性。

優點	思考細膩，機靈靈敏，感覺敏銳，善於臨機應變，具優秀之領悟能力，觀察入微，老練能幹，警覺性高且能保守秘密。喜怒哀樂不形於色，能讓異性信賴，對於企畫、創造、設計方面，具有獨特之見解，思想高超怪異，擅長怪招奇術。
缺點	思想超凡怪異，性格內向多疑，喜離群獨處，不喜參與社交活動，常有厭惡世俗之心，雖有鬥志卻耐心不足，做事往往三心二意，以致東不成西不就，雖好學藝卻少有成就，思想奇特，標新立異，喜走捷徑，不能按部就班，喜求旁門左道，往往無事空忙。偏印過重則利己心強烈，過高評價自我，以致難與人和睦相處，令人有孤僻之感。

1. 偏印十傷官同現

突然間會常恍惚不知想什麼，需座禪來調適

2. 二個偏印

食古不化，好勝心強，好辯，愛好革新，喜奪權，為反對而反對。

3. 偏印多三個以上

身體會不好。容易成為神明的乩童。

4. 正印十偏印

一輩子後知後覺，非常主觀，同時出現主觀跟同化，心性不定，三心二意，反而不易成功，話多，意見都是自己的對，左說右說都是他對。

5.命帶偏印：（身弱用）

愛插嘴、點子多、反應快，較不易贊同別人的想法，冷漠、叛逆性強，是洗腦專家。愛問又聽不進別人說的，舊的問題未回答完，新的問題就已出籠，喜鑽牛角尖，說話一閃失，就容易挖瘡抓包。

6.女命二個偏印以上且在「時柱」

不易有子息，晚年子宮膀胱易切除，又晚年孤僻難相處，會選無尾巷房子住。

7.八字無正印及偏印

表示沒主見及不主觀，易受人左右，內心較沒安全感。

年柱：父親外遇機率大，母親受傷害機率高，易給神明當養子。

表小時大多較難養，吃人水米長大（給人當兒子），出生時大多父親不在身邊，祖母溺愛父親，致母親反受其害。

月柱：愛唱反調、出社會貴人多。「身弱時」、「身強」則會犯小人。

身強表假貴人，出社會朋友常會講好聽的話，為了好聽話常會破財虧錢。常被身邊最親近的人所害。

日柱：1.藏干為P者，有晚婚之傾向。

2.身強者配偶多半難言佳美。感情婚姻多波折，因對配偶之要求及期望過高，如結婚將會任何權力皆由配偶掌管，對配偶較依賴。

3.女命婚後易有婆媳問題，且家中事物由婆婆掌理，以職業婦女為佳。

時柱：賺錢辛苦、犯小人。「身強」喜安靜，比較會心煩，愈老愈固執

第六章

由八字看流年走運

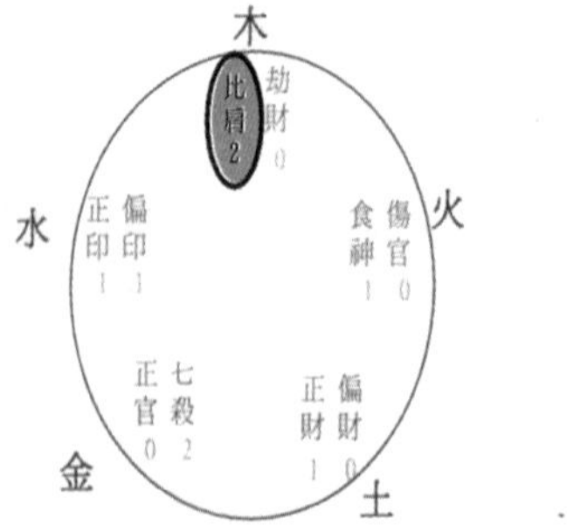

日干強弱：身強
体檢天干：乙
体檢地支：亥
体檢宅命：坤命
用神：火土
忌神：木水
血型：AB
空亡：子丑午未

103 (37歲)	100 (34歲)	97 (31歲)	94 (28歲)	91 (25歲)	年
甲 劫財 午 食神	辛 七殺 卯 比肩	戊 正財 子 偏印	乙 比肩 酉 七殺	壬 正印 午 食神	干支
太歲	福德	歲破	太陰	太歲	神煞
104 (38歲)	101 (35歲)	98 (32歲)	95 (29歲)	92 (26歲)	年
乙 比肩 未 偏財	壬 正印 辰 正財	己 偏財 丑 偏財	丙 傷官 戌 正財	癸 偏印 未 偏財	干支
太陽	天狗	龍德	五鬼	太陽	神煞
105 (39歲)	102 (36歲)	99 (33歲)	96 (30歲)	93 (27歲)	年
丙 傷官 申 正官	癸 偏印 巳 傷官	庚 正官 寅 劫財	丁 食神 亥 正印	甲 劫財 申 正官	干支
喪門	病符	白虎	小耗	喪門	神煞

姓名			性別	女
西元	1978 年			
17	19	11	67	國曆
17	19	10	67	農曆
時	日	月	年	日期
比肩	日元	偏印	正財	主星
乙 木	乙 木	癸 水 ←合→	戊 土	天干
酉 金 ←刑→	酉 金	亥 水	午 火	地支
辛 金	辛 金	甲壬 木水	己丁 土火	藏干
七殺	七殺	劫財 正印	偏財 食神	副星
49-64	33-48	17-32	1-16	歲運
事業家庭 人際關係 子孫學生 部屬員工	本人 外在個性	兄弟 姊妹 父親 朋友同輩	祖先 父親 上司長輩 上流人士	由天干看
事業家庭 人際關係 子孫學生 部屬員工	配偶 創業機運	本人 內在特性	母親 祖先 上司 長輩	由地支看

命盤 20

第一節　十神動態看流年走運

由命盤20之命盤得知民國九十四年走比肩運，在流年上可能會有以下現象，請好好規畫。

以下論斷可作爲批八字流年參考

比肩：流年走比肩運時會有以下現象

◎走比肩運時

今年錢儘量不要借人，不要跟會，不要合夥，因爲易被劫走，同時常會掉東西，外表看起來樂觀，但內心有一點想不開，有時會有輕生念頭，較憑直覺做事。容易有感情困擾，剪不斷理還亂，人情包袱很重，耳根軟，不喜理人對自己親信的人，生氣在心中，如遇仇人會不予理會。

◎走比肩運時

沒有朋友打屁會很難受、鬱悶，因「個性不服輸」的關係，如果朋友多，在一起會很高興快樂。

◎**走比肩運時**

在今年本身擁有的東西會與人分享共有，也易有跟朋友合作事業出現的機會。

◎**走比肩運時**

今年的感覺爽就好，有無賺錢沒關係，不會害人、有時會被害。老朋友會出現或再見面。

◎**走比劫年**

今年的錢財要控制得當，否則容易流失，事情不來即可，一來就會接二連三來，有招架不住之感，此時儲糧最重要。

◎**走比肩**

今年會顯得特別重朋友、兄弟姊妹，要單心老婆會怨嘆喔！

◎**走比劫年**

失戀機會特別大，且是刻骨銘心的失戀，親愛的不小心會變別人的。

◎**比肩在命局中爲喜用且在9分~15分者**

比較擇善固執，不輕易改變立場，做事踏實，較能逐步達成目標。

◎**比肩爲忌神在命局中得分超過17分以上者**

比較會堅持己見，與人相處會有意見，不太會體諒他人。

◎比肩爲喜用神，且比肩有10分～13分

會受到兄弟、朋友、同行之幫助

◎比肩落空亡者

兄弟少，也不易受兄弟之助力。

◎比肩多且身強者

如果要換職業，應以自由業或能自己作主之工作爲標的。

相當自我，以我爲主，但常以自我爲中心未必正確。

◎身強格又走比肩有運但無財星，

今年會很難過，錢財不夠花。

開運即能改變，用他人運而得財。

◎身強，行比肩

易有官訟、破財、刑妻、不順之事，同時也易遭朋友、合夥人之拖累。

公親變事主之嘆。

◎今年需注意父親身體，本身會比較勞碌，易徒勞無功，應做好委曲求全、卑微低下的心，方有改變命運之可能。

流年走劫財

◎走劫財

錢不要借人，不要跟會，不要合夥，易被劫走，常掉東西，外表樂觀，內心想不開，有輕生念頭，較憑直覺做事。容易感情困擾，剪不斷理還亂，人情包袱很重，耳根軟。一個人時感情脆弱全湧現，是人群中的孤獨者。

◎走劫財年

沒有朋友打屁會很難受、鬱悶，因「個性不服輸」的關係，如果朋友多，在一起會很高興快樂。

◎走劫財年

本身擁有的東西會與人分享共有，也易有跟朋友合作事業出現的機會。

◎走劫財年

感覺爽就好，有無賺錢沒關係，不會害人、有時會被害。老朋友會出現或再見面。

◎走劫財年

比較容易有分離的感覺，如失戀、離婚等，較無安全感，怕流失機會，又怕會賠錢。

有可能苦賺三年所得，不用到幾個月虧光光。

◎**身弱**

思維清晰，能言善道，善於察顏觀色，應變力好，富社交能力，借力使力。

◎**身強（且財星弱時）**

花錢如流水，財來財去，常常追錢總是不夠花

◎**身強**

朋友間易有是非，或會受朋友拖累，財務來往必須注意，戀人易被爭奪，愛的人卻反羞澀說出口，而被追走了。

◎**身弱**

朋友間感情不錯，又能得兄弟姊妹、同輩間的幫助。

◎**身強（財星弱）**

今年不宜經商或擴大投資規模或換投機行業，千萬不可合夥，錢拿出去就拿不回來了。

◎**身弱（有財星）**

今年會有財源廣進的現象，凡事順利之象。但防身弱逢財易破財事，須注意身體健康。

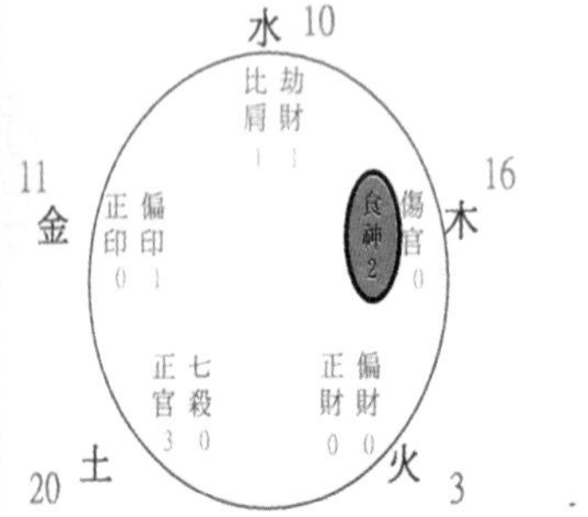

格局：正官格
血型：AB
空亡：午未辰巳
喜用神：水金
忌神：木土
星座：天蠍座

年	103 (64歲)	100 (61歲)	97 (58歲)	94 (55歲)	91 (52歲)
干支	甲 傷官 午 偏財	辛 偏印 卯 食神	戊 正官 子 比肩	乙 食神 酉 偏印	壬 劫財 午 偏財
神煞	太陰	太歲	福德	歲破	太陰
年	104 (65歲)	101 (62歲)	98 (59歲)	95 (56歲)	92 (53歲)
干支	乙 食神 未 七殺	壬 劫財 辰 正官	己 七殺 丑 七殺	丙 正財 戌 正官	癸 比肩 未 七殺
神煞	五鬼	太陽	天狗	龍德	五鬼
年	105 (66歲)	102 (63歲)	99 (60歲)	96 (57歲)	93 (54歲)
干支	丙 正財 申 正印	癸 比肩 巳 正財	庚 正印 寅 傷官	丁 偏財 亥 劫財	甲 傷官 申 正印
神煞	小耗	喪門	病符	白虎	小耗

姓名		性別	女
西元	1951 年		

20	30	10	40	國曆
20	1	10	40	農曆
時	日	月	年	日期
劫財	日元	正官	偏印	主星
壬 水	癸 水	戊 土	辛 金	天干 (壬←剋→戊；癸←合→戊)
戌 土	卯 木	戌 土	卯 木	地支 (戌←合→卯；卯←合→戌；戌←合→卯；戌←合→卯)
丁辛戊 火金土	乙 木	丁辛戊 火金土	乙 木	藏干
偏財偏印正官	食神	偏財偏印正官	食神	副星
衰 49-64	長生 33-48	衰 17-32	長生 1-16	十二運星
	學堂 文昌 天乙貴人 天印 將星	魁罡	學堂 文昌 天乙貴人 將星	特星神煞

74-83	64-73	54-63	44-53	34-43	24-33	14-23	4-13	歲
丙午	乙巳	甲辰	癸卯	壬寅	辛丑	庚子	己亥	大運

命盤21

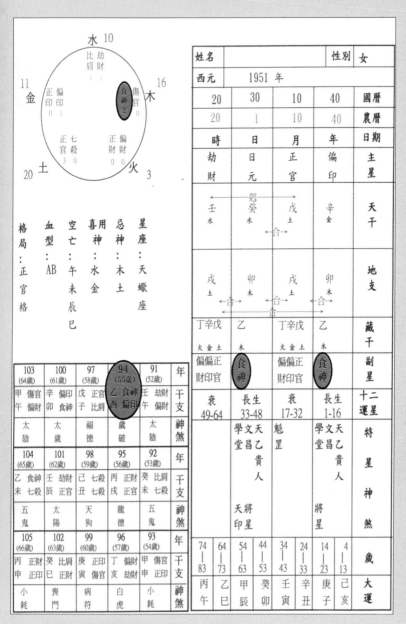

由命盤21之命盤得知民國九十四年走比食神，在流年上可能會有以下現象，請好好規畫。

食神：流年走食神運時會有以下現象

◎女命走食神運：女命以食神、傷官論子息

如果妳想生孩子（走食神年懷孕機會較多）今年好好加油。

◎食神被合

今年才華不能展現，決策易失誤，身體狀況差，嚴重時生命會有危險，亦會危及子女。

◎流年走食神、逢偏印

本身的才華施展不開，做事常會前功盡棄，也常遭陷害，易被扯後腿，亦喜歡扯人家後腿，一生多敗少成，常逢易外之災、血光，內心較鬱悶，而會誤人誤己。

◎流年走食神命帶偏印

男命易有隱疾復發而發生致命的危險。

女命易流產，不易生男生（女命易患婦女病及腫瘤）。

◎流年走食神命帶傷官者

平時的才華今年施展不開，做事重邏輯，表現慾強，理解力強，多學不專，急性子喜自由，易被感動，文武兼俱，但很難專精。

◎流年走食神

今年特別靜得下來，適合研究及發明工作，學習能力特別強，吃的機會也特別多。

◎流年走食神

今年吃的機會多但消化系統不太好。

◎流年走食神本命有七殺

今年的磁場想凶也凶不起來，權勢好像被制住了。

◎流年走食神本命有偏印

今年會遇小人出動，做事常前功盡棄，生命亦憂，做事無思考空間、直接、欠缺考慮，有前景、沒遠景也容易有小孩。

◎身強

今年特別靈光，跟朋友相處也特別友善，也特別會講話，反應靈敏有巧思。

◎身弱

注意身體毛病，缺乏活動力，性情不佳，沒有堅持力，易逞口舌之快。

◎**身強**

消化系統顯得特別好、口慾佳、挑食，注意體型會發胖。最喜嘗鮮，男易喜女色。

◎**女命身弱**

要注意身體狀況疾病，在今年特別容易上身。女命易懷孕。

◎**身強**

今年易成名人，有很多事情會被表揚或讚賞。

流年走傷官

◎**女命走傷官**

因愛丈夫而又想管丈夫，做事貪做、明念暗念、句句傷丈夫的心，屬稱氣管炎（妻管嚴）。人家說：一丈之內是丈夫，一丈之外是馬馬虎虎，如果要讓婚姻好，請嘴巴儘量少說刺激的話。

◎**女命走傷官**

如果是未婚時會想結婚，婚後又想離婚，容易有婚變。

◎男命走傷官

今年會特別龜毛、白目，奇招特別多。

男命日主座下帶傷官跟妻子不好溝通。

◎身強走傷官

會對社會較有不滿的情緒，標準的批評家，做事有魄力，一定要完成到底。

◎身弱走傷官

你會感到受你幫助最多的人，也是最容易陷害你的人，才華特多但流於雕蟲小技，難成大事之嘆，明年就會好轉。

◎流年走傷官命中又有食神

今年如果從事教學或組織工作可得桃李滿天下。

◎流年走傷官

今年做事會覺得特不順，要學做潛水艇哲學，盡量不要強出頭，考運差。

◎身弱流年走傷官

今年可能會傷財、傷身，如果能不要投資儘量避免。

◎傷官通根八字（天干也有傷官）

今年中會與兄弟無緣，做再多一樣無人欣賞。傷通根在那一柱，年=幼年、月=青年期、日=中年期、時=老年期，會受到重大創傷或過錯。

◎傷官見本命有正官

今年會有、血光、官司，千萬不要做擔保，做事會出爾反爾，較難成功。

◎傷官被流年合

小心今年在處理事情上或處理子女成長上，思緒比較雜亂，才華點子不現，處事不明，有點迷迷糊糊，需多問幾個人再做決定。

◎流年走傷官

今年很有才華，但博學不精，頭腦好，學習能力強，追求完美，但缺乏耐性。

◎流年走傷官

今年事事爭第一，沒爭第一很難過（但一爭第一就出事，須學做老二哲學）。愛受別人誇讚，不喜別人批評，貪做易虧錢。男孩子帶傷走傷，情緒、脾氣會特別差、特別壞，往事今年常環繞你心中。

◎**身強**

顯得特別聰明，很注意別人肯定與讚美。富感性，喜舒發情緒。

◎**身弱**

思想比較偏激，行事比較任性，說話比較誇大。

◎**身弱**

生理需求較強，性觀念較開放，要注意因情慾惹禍。注意血光、官司、破財、車關。

◎**身強**

今年在六親方面會顯得更無話可談，易有紛爭。

◎**走傷官**

如果想要轉換跑道，可選擇自由業或個人工作室之類。

◎**身強走傷官**

男命可情場得意，女命易懷胎生子。

◎**身弱走傷官**

男命注意跟兒女不合，若無生兒育女之打算，應特別注意避孕措施。

女命注意與先生或男朋友間感情易有波動。

流年走正財

◎走正財年

如果未婚今年會有結婚的機會，結婚最好「太太能助先生」，男生也較疼老婆。

◎身弱走正財

如果你是出了社會很快會賺到錢，但很會花錢，特別不重視錢財，偏財如果多則會傷到身體，所以要賺偏財請適可而止。

◎流年正財合日主或月支

今年要特別注意錢與身體方面會有損失，（女命）夫妻感情會不好。

◎流年走正財本命有正印、比肩，劫財

今年應注意破財、損身，有買不動產可能。男命：太太與母親較不合，會有婆媳問題。

未婚者可娶妻。

◎正財若被流年合

今年錢財流失大（太太若亦被合，嚴防婚變），又遇本命有偏印＋食神和傷官＋正官，會投資失敗。

◎流年走正財本命有比肩及劫財

應注意生命與身體健康，財多身弱，財多逢劫必破，有了錢身體吃藥多。

◎財多又走財年

（男）很有異性緣，有歡喜心。（女）像是錢嫂。

◎太歲合財

（男命）還沒結婚者容易失戀。

（男命）已結婚者錢財流失大，小心老婆身體及婚變，了錢、賠錢。

◎走正財年

行動派，喜歡熱鬧的地方，也比較有賺錢機會，生意上人緣較佳

◎走正財年

本身的特性，在工作喜歡固定穩定（固定財源），做人比較節儉。

◎走正財年

只想專心工作，也樂於工作，所以賺錢上感覺比較不那麼辛苦。

◎**身弱**

爲人不要太小心眼，要變通才會賺到錢，對錢極爲保守。

◎**身強**

只要意志力夠又有耐性，想賺錢並不難。

◎**身強**

本命無正、偏財，宜從事勞力密集性質行業，有過分保守之嘆。

◎**身弱**

今年要特別注意會有破財或桃色糾紛唷！須開運。

◎**身弱走正財**

本身條件尚可，今年可望做生意，工作上會有展獲。

流年走偏財

◎**女命身強：走偏財本命有七殺**

爲人是讓人感覺風情萬種、花枝招展的樣子，很開放易入上流社會，也懂得軟硬兼施，女命帶七殺走流年偏財，易養小男人（賺錢養男人）。

◎女命身弱：走偏財

視賺錢爲壓力，賺得很難過，要注意仙人跳，計畫好像永遠趕不上變化。

◎男命身強：走偏財本命有七殺＋偏財

會有「名聲、地位」，但好色居多，養妾機率高，總是想著外面的女人。

◎偏財被流年合

今年開支特別大，生意也會賠錢，錢財流失大，生意之人有可能一敗塗地。

◎太歲合偏財

今年要特別注意錢財損失、父親身體欠安、情人失戀、野桃花易被捉。

◎流年走偏財

今年要特別注意父親身體狀況可能會比以往差。

◎流年走偏財本命有天干帶偏財

外面帶妾不怕人知；地支帶偏財：做事會偷偷摸摸。

◎流年走偏財天干帶偏財

跟朋友出門請客看他，身強付錢後不後海，身弱付錢後會後悔。

◎流年走偏財八字無正財、偏財

爲人沒有金錢及數字觀念、財來財去，不知如何賺錢，不重錢財，沒有歡喜心。

◎走偏財

比較不重財（看錢不重），賺錢較快，虧錢也快，小錢不喜歡賺，較不喜歡穩定、固定的工作，會挑剔，也注重名牌，感情不專有困擾。

◎偏財被合那一年

年紀大者表父親身體不好或病危，年紀輕者表遇仙人跳或有妾被老婆逮到。

◎身強

特別慷慨豪爽，深諳人情世故，交際特別好

◎身弱

請你酒不要喝那麼多，戒色，不要誇大其詞，錢花少一點。

逢才反易破大筆財

◎身強

得正職，辛苦耕耘所累積的財富，亦主財運亨通。

易有偏才運。女人運當道。今年男命會遇幼齒相戀機會。

◎身弱

花費大，事業機會多，但無福消受，注意專精一藝可發財。

流年走正官

◎身強流年走正官本命又有正官十七殺

在社會上「會有兩個頭銜」（官殺混淆，個性陰沈、神秘，一生有名望，地位）。

◎身弱流年走正官本命沒有正官十七殺

今年會覺得是非特別多，壓力特別大，精神也易緊張。

◎流年走正官本命有傷官

今年恐怕會有血光之災，要注意名聲、地位會沒有了喔！

◎女命流年合正官

注意老公身體可能會因某種原因而變差，日主合正官，很重視老公。

◎雙正官

較容易再婚，流年走到正官會想結婚。

◎有正官被流年合

今年會產生職業上變動或被奪，女命應小心丈夫「可能會走掉」，不要出風頭、不要當老大。

◎身弱者，流年走正官

今年身體不好且會變成體弱多病，因爲「身弱不得任財官也」。

◎女命流年走正官

今年比較重視丈夫，對先生的一舉一動也比較關心，社會地位有機會提升。

◎正官

很好面子、喜歡別人讚賞，要責難時不能太直接，同時旁邊不要有其他人。

◎流年走正官命帶食神

今年行事上顯得慵懶（不積極沒動靜），做什麼事都覺得不帶勁。

◎女孩子正官被流年合

今年要注意先生一舉一動，先生可能會有外遇。

◎男孩子官被流年合

今年做任何事情要特別注意，可能會有名聲、地位掃地情況發生。

◎今年正官被合

要注意明年傷官年，表示會有官司纏身的情形。

◎身弱

來自家庭、學業或工作上的壓力會感覺特別大。

◎身弱

感覺處事方面較優柔寡斷，做事欠考慮也較猶豫。

◎身弱

好像缺乏自信，魄力不足，最好找夥伴一同來解決問題，為圓滿面子，卻違背心意說謊。

◎**身強**

人家說見官得官，不得官也會得貴，多做好事，會有好報。

◎**身弱**

要注意會有是非或降職丟官的情事發生。女命易受丈夫所累，或有婚姻戀愛的煩惱。

◎**女命中有正官、七殺、又逢正官**

歲運易有桃色糾紛或爬出圍牆之現象該注意。

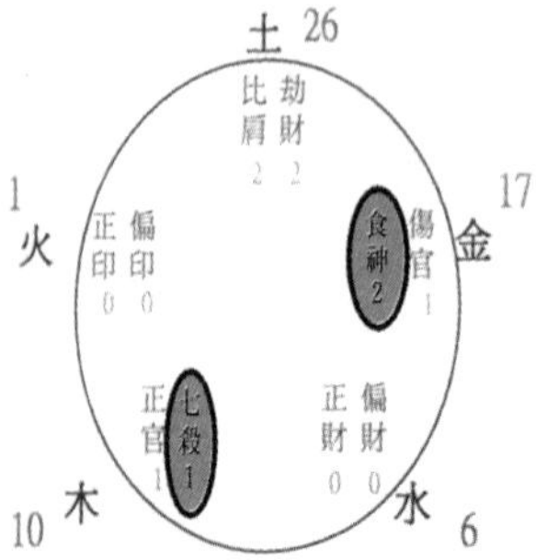

姓名		性別	女
西元	1969 年		

時	日	月	年	
20	3	2	58	國曆
20	17	12	57	農曆
時	日	月	年	日期
正官	日元	七殺	劫財	主星
甲 木	己 土	乙 木	戊 土	天干
戌 土	酉 金	丑 土	申 金	地支
丁辛戊 火金土	辛 金	辛癸己 金水土	戊壬庚 土水金	藏干
偏印 食神 劫財	食神	食神 偏財 比肩	劫財 正財 傷官	副星
養 49-64	長生 33-48	墓 17-32	沐浴 1-16	十二運星
	將星 學堂 文昌	血刃 華蓋 飛刃	亡神 金輿 天乙貴人	特星神煞

天干：甲←合→己；己←剋→乙；己←剋→戊

地支：戌←刑→丑；戌←害→酉；酉←半三合→丑

81-90	71-80	61-70	51-60	41-50	31-40	21-30	11-20	歲
丁巳	戊午	己未	庚申	辛酉	壬戌	癸亥	甲子	大運

格局：偏財格

血型：A

空亡：寅卯寅卯

喜用神：火

忌神：金

星座：水瓶座

103 (47歲)	100 (44歲)	97 (41歲)	94 (38歲)	91 (35歲)	年
甲 正官 午 偏印	辛 食神 卯 七殺	戊 劫財 子 偏財	乙 七殺 酉 食神	壬 正財 午 偏印	干支
天狗	龍德	五鬼	太陽	天狗	神煞
104 (48歲)	101 (45歲)	98 (42歲)	95 (39歲)	92 (36歲)	年
乙 七殺 未 比肩	壬 正財 辰 劫財	己 比肩 丑 比肩	丙 正印 戌 劫財	癸 偏財 未 比肩	干支
病符	白虎	小耗	喪門	病符	神煞
105 (49歲)	102 (46歲)	99 (43歲)	96 (40歲)	93 (37歲)	年
丙 正印 申 傷官	癸 偏財 巳 正印	庚 傷官 寅 正官	丁 偏印 亥 正財	甲 正官 申 傷官	干支
太歲	福德	歲破	太陰	太歲	神煞

命盤 22

由命盤22之命盤得知民國九十四年上半年走七殺運（天干管上半年），下半年走食神運（地支走下半年），在九十四年流年上可能會有以下現象，請好好規畫。

以下論斷可作爲批八字流年參考

比肩：流年走比肩運時會有以下現象

◎女命身弱走七殺

今年如果「裝散散」會被男人欺負，而討不回來公道喔！

◎男命：走七殺本命有正官

今年喜歡去風月場所，也容易鬼混在女人堆中，要記得潔身自愛。

◎身強若流年來合七殺

今年要特別注意事業上不容易發揮，身體容易覺得累，易顯活力不足。

◎七殺多（二個以上）

精神顯得委靡不振，如果沒有花錢則會一臉嚴肅的樣子。

◎走七殺

今年有可能會有災難如：意外、官司、血光方面，應多小心。

◎女命走七殺

今年好像比較不得老公寵愛，婚姻比較辛苦，理念比較不相同。

◎走七殺

理想較難實現，容易想換工作，因不滿現狀，易決定平常不易決定的事。如離婚、換工作等等。

◎身強走七殺

今年在工作事業上表有權勢地位，很有權威。

◎女命流年走七殺

女孩子異性緣好，會對年紀相當或年輕的對象特別好，結婚後還是一樣具男人緣，須自我控制。

◎身弱，殺爲忌神，在性情上顯得特別剛愎自用，有仇必報。

◎男命七殺二個以上，又逢七殺運

會爲子女奔波操勞，甚至受其所累。

◎女命有正官、七殺，又逢正官或七殺年

易有外遇，容易受人欺凌，更有感情糾紛。

◎身弱

本命中有七殺，又行七殺運，可能會有失業，或降級之事發生，易遭小人陷害也可能會有破財之現象或有血光。

女命會有感情生變，惱人之事發生。甚或討小男人，或血光之災。

◎身弱

可能會產生或揮霍無度，花錢瀟灑不知節制之相，愛面子難收拾。

流年走正印

◎流年走正印

今年要特別注意母親身體狀況可能會比較差。

◎身弱走正印或偏印被合

今年比較容易出事，因「貴人不現」母親的身體、行動應多加注意。

◎流年走正印

今年所有的事好溝通，今年貴人會比較多，但容易顯得慵懶。

◎流年走正印

今年比較喜歡用頭腦、喜歡靜，很會思考，不喜歡動不是行動派，個性固執，心地軟。

◎流年走正印

分配事情會一視同仁，以大家意見為意見，同時代表固執，但遇到財（賺錢）則不固執。（財會壞印）

◎流年走正印

今年主觀意識很強，但比較有慈悲心、有佛緣，會從事宗教活動。

◎身弱走正印

今年貴人特別多（被合則特別倒楣年，如母親身體不好）。

◎身強走正印

表假貴人，生雞蛋沒有，放雞屎一堆，煩+煩且無法跨越。

◎女孩子走正印命中又有正財

今年較易與母親頂嘴，做事模稜兩可，有做就算數。

男孩子走正印、命中又有正財，今年太太與母親會有不和現象發生（婆媳不和），先生要做公親。

◎走正印（身強）命中有正官有正印

今年顯得特別有權勢，但亦表壓力很大，願望上較難發揮有（很多顧忌）。

◎流年走印時

今年突然很想購置不動產，也同時會有得到祖產機會。

◎身弱又逢正印

本命有印，會因個性懶散，依賴心過重，任性而導致受人排擠，但處處逢貴人。

◎八字有正印偏印又逢正印或偏印

對事業缺乏專注力，易身兼數職，事業易變動。說話、做事顚三倒四。

◎身強

本命有正財爲喜用者逢正印年，比較容易丟掉職業、敗家業、流浪到他鄉或換行業。

◎身弱

八字命有華蓋，特別有機會接近宗教或學術易出名。

流年走偏印

◎身強：走偏印

今年很喜外出結緣，投資在花費較兇，對環境敏感度較無信心。

◎流年走偏印本命有食神

今年常遭陷害，也會被扯後腿，亦好扯人後腿，做事多敗少成，

女命：易得腫瘤。

◎流年走偏印

今年在想法上比較消極，但很想買不動產，在能力上有所不足。

◎走偏印，身弱命帶七殺

「貴人比較不容易顯現」，同時母親的行動應多加注意。

◎走偏印本命有正印

一輩子對事情的敏銳度好像都是後知後覺，但對已認知的事會非常主觀，尤其今年特別

嚴重。

◎**走偏印**

今年的心性不穩定，做事常三心二意，所以比較不易成功。

◎**特別具有第六感，更善於察言觀色，喜怒不形於色**

◎**身強，命中有偏印又逢偏印**

思想有點奇怪，常會與人唱反調，較會自殺，也較多疑，不要想太多吧！

易有躁鬱症、自閉症狀。

◎**身弱**

在學業、家庭、工作上比較得貴人，可得名利兩全，但大都喜獨來獨往，較神秘。

◎**今年會顯得特別精明幹練**。

第七章
斷流年太歲之刑、沖、合、害產生的吉凶

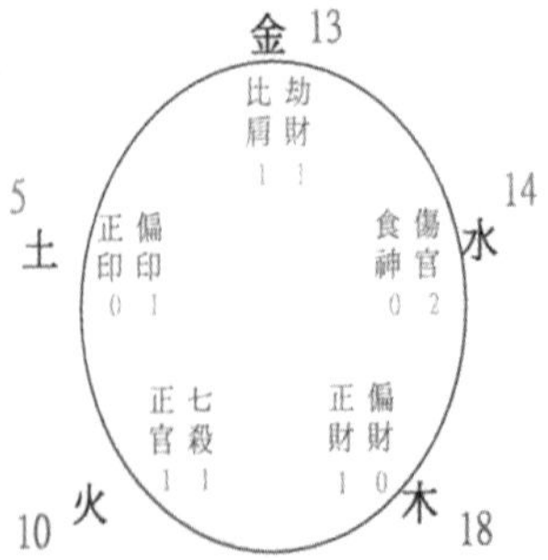

格局：正財格
血型：A
空亡：辰巳申酉
喜用神：金土
忌神：水木
星座：雙魚座

姓名		性別	男	
西元	1957 年			
0	9	3	46	國曆
0	8	2	46	農曆
時	日	月	年	日期
七殺	日元	傷官	正官	主星
丙 火	庚 金	癸 水	丁 火	天干
←剋→（丙—庚）		←剋→（癸—丁）		
子 水	辰 土	卯 木	酉 金	地支
←合→（辰—酉）；←刑→（子—卯）；←半三合→（子—辰）；←害→（辰—卯）；←沖→（卯—酉）				
癸 水	癸乙戊 水木土	乙 木	辛 金	藏干
傷官	傷正偏 官財印	正財	劫財	副星
死 49-64	養 33-48	胎 17-32	帝旺 1-16	十二運星
將星	魁華流 罡蓋霞	飛刃	桃羊 花刃	特星神煞

71-80	61-70	51-60	41-50	31-40	21-30	11-20	1-10	歲
乙未	丙申	丁酉	戊戌	己亥	庚子	辛丑	壬寅	大運

103 (58歲)	100 (55歲)	97 (52歲)	94 (49歲)	91 (46歲)	年
甲 偏財 午 正官	辛 劫財 卯 正財	戊 偏印 子 傷官	乙 正財 酉 劫財	壬 食神 午 正官	干支
福德	歲破	太陰	太歲	福德	神煞
104 (59歲)	101 (56歲)	98 (53歲)	95 (50歲)	92 (47歲)	年
乙 正財 未 正印	壬 食神 辰 偏印	己 正印 丑 正印	丙 七殺 戌 偏印	癸 傷官 未 正印	干支
天狗	龍德	五鬼	太陽	天狗	神煞
105 (60歲)	102 (57歲)	99 (54歲)	96 (51歲)	93 (48歲)	年
丙 七殺 申 比肩	癸 傷官 巳 七殺	庚 比肩 寅 偏財	丁 正官 亥 食神	甲 偏財 申 比肩	干支
病符	白虎	小耗	喪門	病符	神煞

命盤23

第一節　看流年太歲與本命盤產生的吉凶禍福

由命盤23之命盤得知民國九十五年流年在地支（戌）和本命盤月支（卯）是六合，所以符合第二項條件，此人就會有以下所述現象

診斷流年（太歲）有無來合四柱

合之關係：　**太歲來「合」（對應在流年論斷上）**

	時	日	月	年	太歲來「合」
1				*	今年會爲長輩、上司、廠商間之事，而自己無法施展開來。有投資當老闆的可能。
2			*		今年所有的事自己會鬱悶，較沒動力，無法突破自己踏不出去，內心想了很多計畫但沒付諸行動。
3		*			今年的計畫會爲了配偶的關係而無法拓展開來。耳根軟。未婚者想結婚。因異性宮衝動、想卻未必有行動。想創業者，今年易有人找你合夥做事業或自己想要有新事業。
4	*				今年對事業看法比較沒有衝勁，在家庭方面會爲了小孩子的事煩憂而無法去拓展事業，是個顧家的人。

命盤如果呈現

子丑合：夫妻間好溝通，有話講，較顧家。

卯戌合：比較愛面子，注重外表，顧家，外強內柔。

寅亥合：在先天的磁場上比較重視倫理道德。

辰酉合：在先天的磁場上比較重義氣，但比較沒有定性。

午未合：在先天的磁場上比較積極，天生脾氣不好，做事重感覺。

巳申合：有很多事，會聰明反被聰明誤，是屬無恩之刑。

申子辰合水：在思想變化上很快，也很聰明，但較冷漠。

寅午戌合火：看來做事效率高，執行力好，熱情有禮。

亥卯未合木：比較會有不切實際的想法，較有夢想（白日夢）。

巳酉丑合金：爲人較會強出頭，較會有血光之災，且會包裝自己。

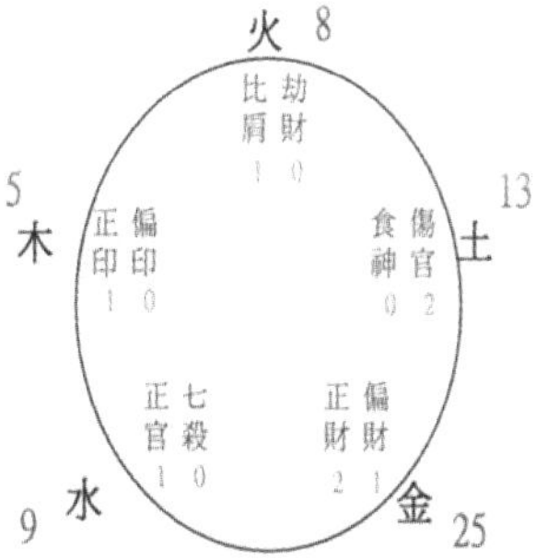

格局：正財格
血型：A
空亡：辰巳辰巳
喜用神：火木
忌神：土金
星座：處女座

姓名			性別	男
西元	1962 年			
19	27	8	51	國曆
19	28	7	51	農曆
時	日	月	年	日期
正財	日元	傷官	正官	主星
庚 金	丁 火	戊 土	壬 水	天干
戌 土	酉 金	申 金	寅 木	地支
丁辛戊 火金土	辛 金	戊壬庚 土水金	戊丙甲 土火木	藏干
比肩偏財傷官	偏財	傷官正官正財	傷官劫財正印	副星
養 49-64	長生 33-48	沐浴 17-32	死 1-16	十二運星
魁罡	學堂 文昌 天乙貴人 天將 印星	亡神 金輿 流霞	劫煞 月德貴人	特星神煞

（天干：丁、壬合；戊、壬剋。地支：戌、酉害；申、寅沖；戌、寅半三合）

74-83	64-73	54-63	44-53	34-43	24-33	14-23	4-13	歲
丙辰	乙卯	甲寅	癸丑	壬子	辛亥	庚戌	己酉	大運

103 (53歲)	100 (50歲)	97 (47歲)	94 (44歲)	91 (41歲)	年
甲 正印 午 比肩	辛 偏財 卯 偏印	戊 傷官 子 七殺	乙 偏印 酉 偏財	壬 正官 午 比肩	干支
五鬼	太陽	天狗	龍德	五鬼	神煞
104 (54歲)	101 (51歲)	98 (48歲)	95 (45歲)	92 (42歲)	年
乙 偏印 未 食神	壬 正官 辰 傷官	己 食神 丑 食神	丙 劫財 戌 傷官	癸 七殺 未 食神	干支
小耗	喪門	病符	白虎	小耗	神煞
105 (55歲)	102 (52歲)	99 (49歲)	96 (46歲)	93 (43歲)	年
丙 劫財 申 正財	癸 七殺 巳 劫財	庚 正財 寅 正印	丁 比肩 亥 正官	甲 正印 申 正財	干支
歲破	太陰	太歲	福德	歲破	神煞

命盤 24

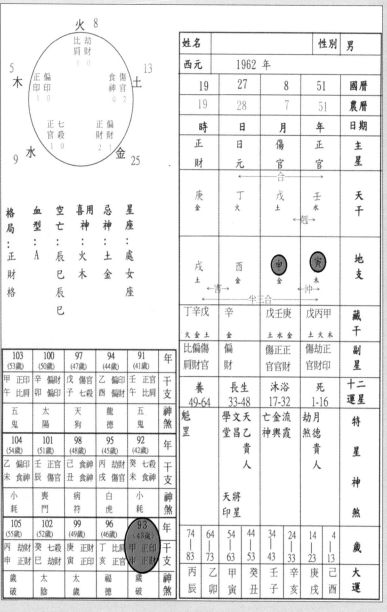

由命盤24之命盤中可看出民國九十三年流年在地支（申）和本命盤的年支（寅）是六沖，所以符合第1項條件，此人就會有以下所述現象產生。

診斷流年（太歲）有無來沖四柱

衝之關係：　**太歲來「沖」（對應在流年論斷上）**

	時	日	月	年	太歲來「沖」
1				*	今年容易與長上、上司起衝突，有意見不合或相處不來或不懂得忍讓，同時需注意身體方面的狀況。
2			*		今年在心性上會產生變化（會想去動），會主動做改變，以前不敢動的今年就敢，同時和平輩與兄弟之間會有衝突。
3		*			未婚：會有人追（紅鸞星動），配偶較易出現，內心想創業。 已婚：夫妻易起衝突、吵架或婚變。
4	*				事業會有大的起伏（有人爭取職位），在事業上和部屬較會有不合現象。和小孩較有衝突，事業行動力佳。

寅申（馬）：今年須注意車關，不要開快車，適合外務，東奔西跑，對人付出人家不太會感激。

巳亥（馬）：今年的機運，會有車關，口才好，辯才無礙，比較會得理不饒人，易抄近路，求速度（會鑽），適合外務。

子午（花）：今年的機運，個性極端，反覆不定，不堪諷刺，桃花動，人緣好，生氣時會抓狂，感情困擾。

卯酉（花）：今年的機運，第六感強（有時會看到第三度空間），目色好，須先溝通好才做，東西常移動，桃花動，人緣好。長輩緣好，較會衡量人，憑直覺做事。

辰戌（庫）：今年的機運，個性不好、脾氣難以控制、較會自圓其說、庫衝破，財就守不住，有運賺、無運賠，辯才無礙，身體較會不好，好辯。

丑未（庫）：今年的機運，追根究底，打破沙鍋問到底，較會查行蹤，庫衝破，錢財守不住，小財不斷流失。

日干強弱：身弱
体檢天干：戊
体檢地支：辰
体檢宅命：巽命
用神：土火
忌神：水木
血型：A
空亡：午未午未

時	日	月	年	
姓名			性別	男
西元	1951 年			
22	18	4	40	國曆
22	13	3	40	農曆
時	日	月	年	日期
正財	日元	偏財	傷官	主星
癸 水	戊 土	壬 水	辛 金	天干
←合→（時、日）	←剋→（日、月）			
亥 水	子 水	辰 土	卯 木	地支
	←刑→（日、年）	←半三合→（日、月）	←害→（月、年）	
←半三合→（時、年）				
甲壬 木水	癸 水	癸乙戊 水木土	乙 木	藏干
七殺 偏財	正財	正財 正官 比肩	正官	副星
49-64	33-48	17-32	1-16	歲運
事業家庭 人際關係 子孫學生 部屬員工	本人 外在個性	兄弟 姊妹 父親 朋友同輩	祖先 父親 上司長輩 上流人士	由天干看
事業家庭 人際關係 子孫學生 部屬員工	配偶 創業機運	本人 內在特性	母親 祖先 上司 長輩	由地支看

103 (64歲)	100 (61歲)	97 (58歲)	94 (55歲)	91 (52歲)	年
甲 七殺 午 正印	辛 傷官 卯 正官	戊 比肩 子 正財	乙 正官 酉 傷官	壬 偏財 午 正印	干支
太陰	太歲	福德	歲破	太陰	神煞
104 (65歲)	101 (62歲)	98 (59歲)	95 (56歲)	92 (53歲)	年
乙 正官 未 劫財	壬 偏財 辰 比肩	己 劫財 丑 劫財	丙 偏印 戌 比肩	癸 正財 未 劫財	干支
五鬼	太陽	天狗	龍德	五鬼	神煞
105 (66歲)	102 (63歲)	99 (60歲)	96 (57歲)	93 (54歲)	年
丙 偏印 申 食神	癸 正財 巳 偏印	庚 食神 寅 七殺	丁 正印 亥 偏財	甲 正印 申 正財	干支
小耗	喪門	病符	白虎	小耗	神煞

命盤25

由命盤25之命盤中可看出民國九十三年流年在地支（申）和本命盤的時支（亥）形成六害，所以符合第4項條件，所以就會有以下所述現象產生。

診斷流年（太歲）有無來害四柱

害之關係：　**太歲來「害」（對應在流年論斷上）**

	時	日	月	年	太歲來「害」
1				*	今年常爲了長上的事或身體煩憂。十六歲前長上爲你煩憂或會被上司炒魷魚，與長上有心結、代溝，易換上司。
2			*		今年心情特別亂，有苦說不出口很鬱悶，計畫會有變卦，無法完成，有搬家的可能。
3		*			未婚：今年可能會分手。已婚：會想離婚或會產生婚變或分居。
4	*				今年事業會有波折、變動或離職，和小孩會分離或小孩會出事且不聽話，事業、家庭會有點危機感。

子未害：個性極端，容易犯小人，親子之間較早分離。

丑午害：耐性差，脾氣不好，容易生氣。

寅巳害：無恩之刑是非多，易犯小人，在家裡待不住。

卯辰害：容易被扯後腿，兄弟姊妹無助，易遭親人相害。

酉戌害：容易被好朋友扯後腿，易遭親人相害，弄得雞犬不寧。

申亥害：是非多，容易會有小人，挫折感重，受不了刺激。

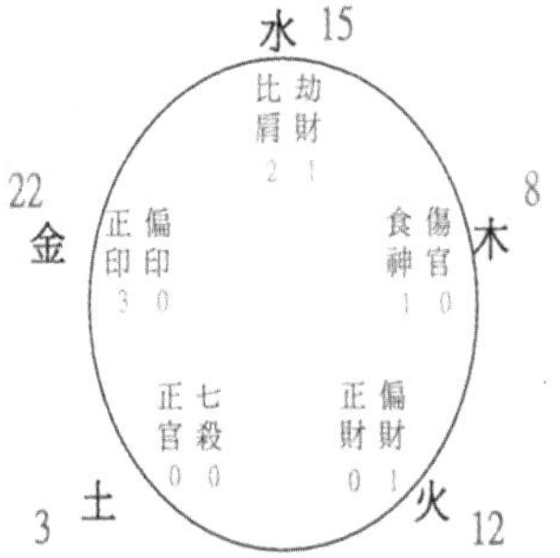

格局：偏財格

血型：A

空亡：子丑辰巳

喜用神：木火土

忌神：水金

星座：雙子座

姓名			性別	男
西元	1981 年			
22	24	5	70	國曆
22	21	4	70	農曆
時	日	月	年	日期
正印	日元	劫財	正印	主星
辛 金	壬 水	癸 水	辛 金	天干
亥 水	寅 木	巳 火	酉 金	地支
甲壬 木水	戊丙甲 土火木	戊庚丙 土金火	辛 金	藏干
食神 比肩	七殺 偏財 食神	七殺 偏印 偏財	正印	副星
臨官 49-64	病 33-48	絕 17-32	沐浴 1-16	十二運星
劫煞 天德貴人 祿神 孤辰	人中三奇 流霞 文昌	亡神 天乙貴人	天德貴人	特星神煞

地支：亥←沖→巳；亥←合→寅；寅←刑害→巳；巳←半三合→酉

77-86	67-76	57-66	47-56	37-46	27-36	17-26	7-16	歲
乙酉	丙戌	丁亥	戊子	己丑	庚寅	辛卯	壬辰	大運

103 (34歲)	100 (31歲)	97 (28歲)	94 (25歲)	91 (22歲)	年
甲午 食神 正財	辛卯 正印 傷官	戊子 七殺 劫財	乙酉 傷官 正印	壬午 比肩 正財	干支
福德	歲破	太陰	太歲	福德	神煞
104 (35歲)	101 (32歲)	98 (29歲)	95 (26歲)	92 (23歲)	年
乙未 傷官 正官	壬辰 比肩 七殺	己丑 正官 正官	丙戌 偏財 七殺	癸未 劫財 正官	干支
天狗	龍德	五鬼	太陽	天狗	神煞
105 (36歲)	102 (33歲)	99 (30歲)	96 (27歲)	93 (24歲)	年
丙申 偏財 偏印	癸巳 劫財 偏財	庚寅 偏印 食神	丁亥 正財 比肩	甲申 食神 偏印	干支
病符	白虎	小耗	喪門	病符	神煞

命盤 26

由命盤26之命盤中可看出民國九十三年流年地支（申）和本命盤的月支（巳）以及日支（寅）產生相剋，所以符合第2項跟第4項之論述，請印證看看準不準。

診斷流年（太歲）有無來刑四柱

刑之關係：　**太歲來「刑」（對應在流年論斷上）**

	時	日	月	年	「刑」（地支）
1				*	今年本身與長輩、長官間有一種莫名其妙的感覺，總是很煩。
2			*		今年配偶會因長輩的行爲或言語而鬱悶很久。
3		*			今年長上與子孫、上司與部屬間有一種相互虧欠，恨鐵不成鋼的感覺，眞的需要好好溝通。
4	*				今年本人與子女或部屬間的認同度不夠，因此會產生敵對的心態。

無禮之刑（子卯）：

自命清高（眼光高），說話直接，較沒禮貌（沒大沒小），自以爲氣質好。

無恩之刑（寅巳、巳申、申寅）：

無人賞識，做事易被人嫌棄，替人打天下，任勞任怨，愛恨交加。

恃勢之刑（丑戌、戌未、未丑）：

太自信，自負欠考慮，憑感覺投資。未丑：虧錢機率高，看不見卻不斷流失。

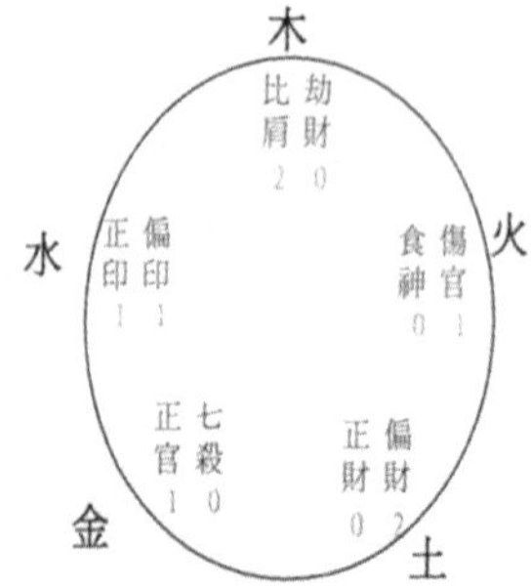

空亡：子丑子丑
血型：A
忌神：土金
用神：木水
体檢宅命：坤命
体檢地支：戌
体檢天干：甲
日干強弱：身弱

103 (37歲)	100 (34歲)	97 (31歲)	94 (28歲)	91 (25歲)	年
甲 比肩 午 傷官	辛 正官 卯 劫財	戊 偏財 子 正印	乙 劫財 酉 正官	壬 偏印 午 傷官	干支
太歲	福德	歲破	太陰	太歲	神煞
104 (38歲)	101 (35歲)	98 (32歲)	95 (29歲)	92 (26歲)	年
乙 劫財 未 正財	壬 偏印 辰 偏財	己 正財 丑 正財	丙 食神 戌 偏財	癸 正印 未 正財	干支
太陽	天狗	龍德	五鬼	太陽	神煞
105 (39歲)	102 (36歲)	99 (33歲)	96 (30歲)	93 (27歲)	年
丙 食神 申 七殺	癸 正印 巳 食神	庚 七殺 寅 比肩	丁 傷官 亥 偏印	甲 比肩 申 七殺	干支
喪門	病符	白虎	小耗	喪門	神煞

姓名		性別	女	
西元	1978 年			
18	19	10	67	國曆
18	18	9	67	農曆
時	日	月	年	日期
正印	日元	偏印	偏財	主星
癸 水	甲 木	壬 水	戊 土	天干
酉 金	寅 木	戌 土	午 火	地支
辛 金	戊丙甲 土火木	丁辛戊 火金土	己丁 土火	藏干
正官	偏食比 財神肩	傷正偏 官官財	正傷 財官	副星
49-64	33-48	17-32	1-16	歲運
事業家庭 人際關係 子孫學生 部屬員工	本人 外在個性	兄弟 姊妹 父親 朋友同輩	祖先 父親 上司長輩 上流人士	由天干看
事業家庭 人際關係 子孫學生 部屬員工	配偶 創業機運	本人 內在特性	母親 祖先 上司 長輩	由地支看

天干：甲、戊 剋；壬、戊 剋；甲、戊 合
地支：寅、午 半三合；酉、戌 害；寅、戌 半三合；戌、午 半三合

命盤 27

由命盤27之命盤中可看出民國九十四年流年地支爲（酉）與本命盤之時支（酉）產生自刑，所以會有以下所述現象，請查核之。

自刑：（辰、午、酉、亥）

只要地支間有一柱與太歲相同即構成自刑條件

◎對自己不滿意，易憂愁，明知不可爲而爲之，自尊心強，自尋煩惱，容易鬱悶，有話不說，在月柱時較無法溝通。

◎辰辰：要別人聽自己，但事與願違而自鬱，請用逆向溝通（先拍馬屁）方式才能得到認同，做事直接，但有遠觀。

◎亥亥：較會無理取鬧、歇斯底里、悲觀，總是想說我比別人認眞，爲什麼比別人歹命，如又逢流年來害月柱容易輕生，喜用頭腦，卻多愁多煩事，易想太多。

◎午午：常常事與願違，在決定一件事情前請用逆向溝通方式（先拍馬屁）成功機率會較高，以禮相待，則好溝通。

◎酉酉：常常想幫助別人。但卻得不到認同，眞是鬱悶，常幫倒忙，卻熱心、多慮。

第二節　以八字命盤斷六親緣份與對待

用八字來論六親對待狀況也頗具參考價值，各位看倌請對照命盤及事實印證看看。

論六親緣分與對待

以宮來論

◎年支爲用神

照命盤結構看來，你的祖先或父母對你會有相當大的幫助喔！

◎月支爲用神

照命盤結構看來，你的父母或兄弟對你會有相當大的幫助喔！

◎日支爲用神

照命盤結構看來，你的妻子對你會有相當大的幫助喔！可「白手起家」。

◎時支爲用神

照命盤結構看來，你的子息對你會有相當大的幫助喔。

PS：如果用神落空亡幫助則不大。

論六親的關係

◎男命日主身強正官，七殺有力為喜用神者

以命格分析你的子女會貴顯有成，你的晚年將有靠了。

◎男命七殺多見攻身太過者

以命格分析此生主子女雖多，但多為子女奔波操勞，受其所累。

◎男命八字不見官殺，或官殺無力又逢食傷沖剋者

以命格分析此生主子女緣薄之象且官司是非較多。

◎男命以官殺為喜用，局中官殺無力又無財星生助者

以命格分析此生主子女賢孝，但助益好像不大。

◎八字中比劫遭官殺剋傷者

以命格分析此生主兄弟緣薄，容易失和且有刑傷之兆。

◎女命官殺混雜多見者

以命格分析此生主一生多為男人操煩、拖累，易有異性欣賞糾纏之象（又因七殺旺身弱，易受人欺凌，任人擺佈，易有感情糾紛）。

◎女命七殺多者

以命格分析此生男女感情不穩定，會自做自受，或自暴自棄之象。

◎男命日支旺，七殺為忌者，男命日支為七殺者

以命格分析此生會娶到女強人，凡事妻做主，家庭較易不睦。

◎女命身旺七殺無制，又座下桃花者

以命格分析此生易為感情糾紛招惹一些不必要的麻煩。

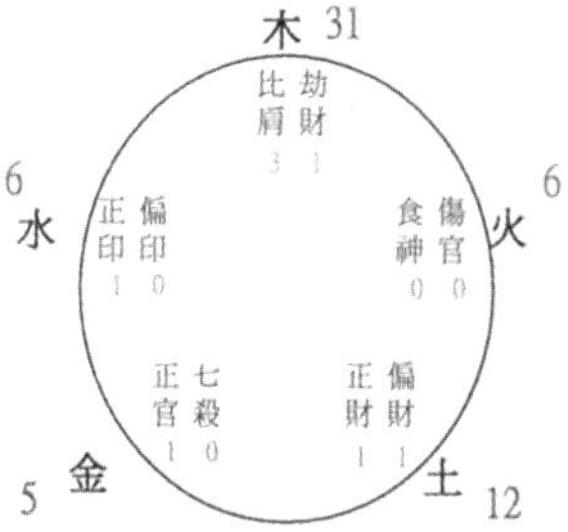

格局：建祿格
血型：A
空亡：辰巳寅卯
喜用神：火土金
忌神：木水
星座：雙魚座

姓名			性別	男
西元	1963 年			
14	2	3	52	國曆
14	7	2	52	農曆
時	日	月	年	日期
正官	日元	比肩	正印	主星
辛 金	甲 木	甲 木	癸 水	天干
未 土	辰 土	寅 木	卯 木	地支
乙丁己 木火土	癸乙戊 水木土	戊丙甲 土火木	乙 木	藏干

地支：辰←害→卯；未←半三合→卯

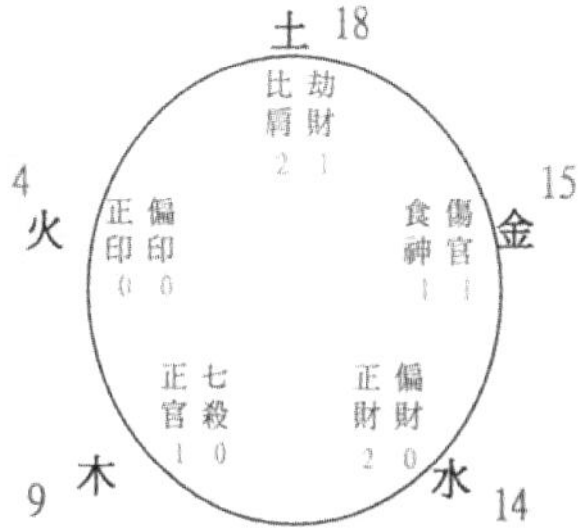

格局：傷官格
血型：A
空亡：辰巳辰巳
喜用神：土火
忌神：金水
星座：處女座

姓名			性別	女
西元	1962 年			
14	29	8	51	國曆
14	30	7	51	農曆
時	日	月	年	日期
食神	日元	劫財	正財	主星
辛 金	己 土	戊 土	壬 水	天干
未 土	亥 水	申 金	寅 木	地支
乙丁己 木火土	甲壬 木水	戊壬庚 土水金	戊丙甲 土火木	藏干

天干：戊←剋→壬
地支：亥←合→寅；未←半三合→亥；亥←害→申；申←沖→寅

命盤28

第三節　以男女兩人八字論契合指數

由命盤28之兩張命盤中可分析出男女雙方契合度，請自行用以下的條件分析看看。

以八字論婚姻契合指數

夫妻宮：（日支）

一、為用神、不受沖合

以命格分析此生：在夫妻間契合度有八十分，也代表配偶有助力。

二、為用神、被閒神沖

以命格分析此生：在夫妻間的契合度約有六十分~七十分，配偶有時候不是很甘心的幫忙。

三、為用神、被忌神沖

以命格分析此生：在夫妻間是「聚少離多，或晚婚」，助力將減弱為六十分。

沖忌神（如子用神沖午忌神），以命格分析此生：在夫妻間助力仍大可得九十分，可以早婚。

四、爲用神

(1)被合爲忌神，以命格分析此生：在夫妻間助力減少，僅得六十分。

(2)被合爲用神，以命格分析此生：在夫妻間助力增加，可得九十分。

五、爲閒神

夫妻間相處狀況時好時壞，但以目前社會現象，依你的八字診斷結果還算可以，如果要更好必須兩人一起努力經營婚姻才是。

六、爲忌神、不受沖合

以命格分析此生：在夫妻間較無助力，請平凡過一生吧！

七、爲忌神、受閒神沖

以命格分析此生：顯然夫妻間的契合度只有十分並沒有太大的助力。

八、爲忌神

(1)被用神沖

以命格分析此生：在夫妻間較無助力，但可得二十分的助力。

(2)沖用神

以命格分析此生：配偶無助力，會各自發展事業，夫妻間互動爲負八十分。

九、爲忌神

(1)合爲用神

以命格分析此生：夫妻間相害力減少，夫妻間仍有助力得五十分。

(2)合爲忌神

以命格分析此生：夫妻間相阻力增加，夫妻間互動爲負八十分。

十、夫妻宮得位（男日支正財、女日支正官）、爲用神

以先天命盤分析你的夫妻宮得到正位，夫妻間的助力會有一百分。

十一、夫妻宮得位（男日支正財、女日支正官）、雖爲忌神

以先天命盤分析你夫妻宮因得位，故配偶雖無大助力，卻可安守本分、兼顧家庭、故有五十分。

十二、夫妻宮不喜被爭合如巳日受申月酉時

以先天命盤分析：你的婚姻會三心二意，也易有感情糾紛產生。

六神論婚姻

(1)忌官殺多二個以上、日主無氣（以女命爲主）

茲因命中註定、此生婚姻緣薄，同時容易受夫欺負。

(2)忌印多三個以上、官殺無氣（以女命爲主）

一生爲女強人，較不得夫緣、丈夫成就平平，若有財生、不在此限。

夫妻間應多多溝通、互相激勵共同打拼才對。

(3)忌比劫多、官殺無氣（以女命爲主）

一生爲女強人，較不得夫緣，若有財生官、不在此限。

(4)忌食傷多、無財生官（以女命爲主）

一生爲女強人，較不得夫緣，茲因命中註定、此生難有好婚姻，你難道不能稍微放手嗎？

(5)忌財殺官多、日主無氣（以女命爲主）

爲夫辛勞、夫不感激，若日主有氣（有祿刃），不在此限。

(6)神煞：若八字中有以下三個神煞以上（男、女命同論）

美狀況。

【桃花、華蓋，孤辰，寡宿】

茲因命中註定、此生難有好婚姻，夫妻間唯有多說好話、多做好事才能改變此一婚姻不

(1)女命忌庚子日、壬子日、乙卯日、辛酉日、男命忌庚申日。

茲因命中註定、此生難有好婚姻，有可能會走向離婚的路。

(2)女命忌三透比劫。（天干）

因天生個性使然，不易屈服，算是命中註定、此生難有好婚姻。

(3)男女命忌丑戌未三刑於日支。

茲因命中註定、此生難有好婚姻，因雙方都蠻恃勢，太自信，欠考慮而種下敗因。

(4)男女命忌亡神、劫煞沖於日支。

茲因命中註定、此生難有好婚姻，因有外力介入，應提防。

(5)男女命忌坐華蓋於日支。

茲因命中註定、此生婚姻因信念不同，而造成婚姻不美。

(6)男女命忌坐孤辰或寡宿於日支。

茲因命中註定、此生難有好婚姻，是因欠缺溝通而造成，請加強溝通

(7)女命忌本主同宮。（庚子年、庚子日或甲午年、甲午日）

茲因命中註定、此生難有好婚姻，此乃有強出頭的情況，需忍耐。

(8)女命忌多合（三合以上）。

茲因命中註定、此生難有好婚姻，有太多的事絆住了，無自由可言，當然不好。

(9)女命忌月支沖日支。

表婚姻不美，在日常生活中，可能無法有瓊瑤小說式的浪漫，唯有相互體諒才能有好的結局。

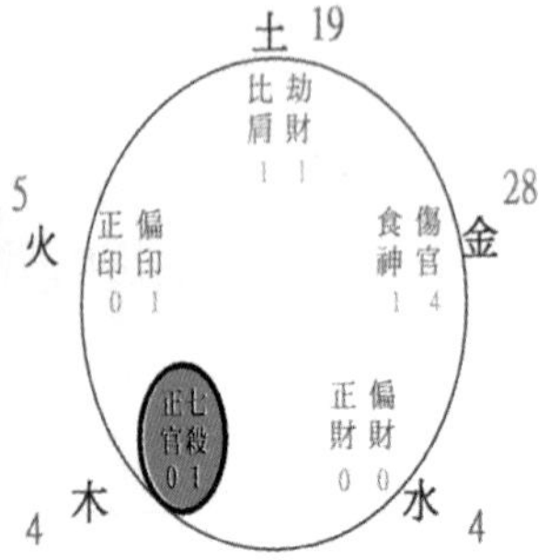

星座：牡羊座

忌神：金

喜用神：土火

空亡：子丑寅卯

血型：A

格局：七殺格

姓名		性別	女	
西元	1980 年			

時	日	月	年	
11	6	4	69	國曆
11	21	2	69	農曆
時	日	月	年	日期
傷官	日元	傷官	傷官	主星
庚 金	己 土	庚 金	庚 金	天干
午 火	酉 金 ←合→	辰 土 ←半三合→	申 金	地支
己丁 土火	辛 金	癸乙戊 水木土	戊壬庚 土水金	藏干
比肩 偏印	食神	偏財 七殺 劫財	劫財 正財 傷官	副星
臨官 49-64	長生 33-48	衰 17-32	沐浴 1-16	十二運星
桃花 流霞 祿神	將星 學堂 文昌	魁罡 紅豔	亡神 金輿 天乙貴人	特星神煞

71-80	61-70	51-60	41-50	31-40	21-30	11-20	1-10	歲
壬申	癸酉	甲戌	乙亥	丙子	丁丑	戊寅	己卯	大運

103 (35歲)	100 (32歲)	97 (29歲)	94 (26歲)	91 (23歲)	年
甲 正官 午 偏印	辛 食神 卯 七殺	戊 劫財 子 偏財	乙 七殺 酉 食神	壬 正財 午 偏印	干支
天狗	龍德	五鬼	太陽	天狗	神煞
104 (36歲)	101 (33歲)	98 (30歲)	95 (27歲)	92 (24歲)	年
乙 七殺 未 比肩	壬 正財 辰 劫財	己 比肩 丑 比肩	丙 正印 戌 劫財	癸 偏財 未 比肩	干支
病符	白虎	小耗	喪門	病符	神煞
105 (37歲)	102 (34歲)	99 (31歲)	96 (28歲)	93 (25歲)	年
丙 正印 申 傷官	癸 偏財 巳 正印	庚 傷官 寅 正官	丁 偏印 亥 正財	甲 正官 申 傷官	干支
太歲	福德	歲破	太陰	太歲	神煞

命盤29

第四節　如何才能催旺桃花、姻緣，讓感情順利

姻緣要旺一半靠本命，一半要靠自己創造

一、八字中的人緣桃花是「子、午、卯、酉」，如果八字地支中沒有「子、午、卯、酉」，表示較無人緣桃花，要催桃花可以運用地支產生法（找喜用神）。

你可用一個本命的喜用神（子、午、卯、酉）其中一個字帶在身上，日子久後就會產生靈動效果（需用有加持過的吉祥物品才有靈動喔！）。

二、年過三十歲而未婚者，可用沖日支法來沖動

例如一個人的夫妻宮（日支）是酉，那你可以寫一個卯字來沖動姻緣宮，以此類推。

你可用一個◯字來沖動婚姻宮，讓婚姻快成（看個人命盤來決定，需用有加持過的吉祥物品才有靈動喔！）。

三、（男生）想要有異性緣可以用正財來加以促成，看正財的天干是什麼。

（女生）想要有異性緣可以用正官來加以促成，看正官的天干是什麼。

你可用一個◯字來沖動異性緣，讓自己更有異性緣（看命盤，需用有加持過的吉

祥物品才有靈動喔！）。

以上之方式就是讓我們徹底改變本身的氣場而達成人緣、公關媚力增強的方法之一，根據內政部統計，台灣的離婚率每年都會有好幾萬對，爲什麼會這樣呢？因爲雙方在不同的環境上成長，在觀念上要求一致可能需相當一段時間，爲什麼這些離婚者容易婚變，以八字統計，大都是八字中有過多桃花或配偶宮強旺。夫妻宮出現瑕疵，如果你眞的需要姻緣桃花或覺得姻緣桃花總是很難降臨在你身上，那第一件事就是要先改變你個人的交際觀，這一關打通後再用上述的八字沖動法，來幫助你在姻緣路上快速完成你想要的。

由P29命盤中得知此人無正官，所以可以隨身攜帶一個「甲」字（正官）來催旺姻緣，同時也可以用「卯」字來沖動月支（酉）之婚姻宮（需用有加持過的吉祥物品才有靈動喔！）。

以下簡易合婚判斷法請參考用之

【合婚判斷】

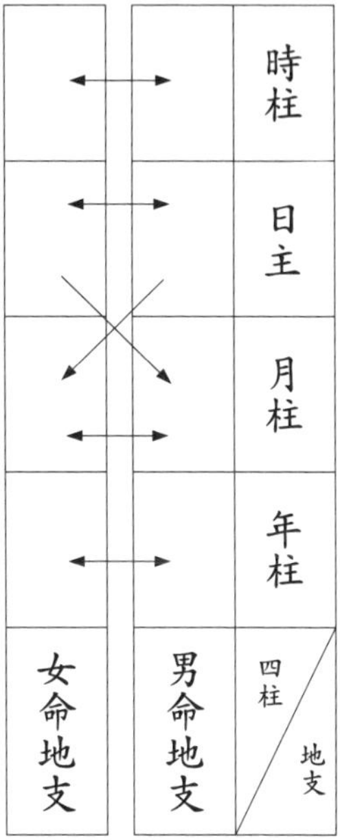

【年柱】：

※合：（三合或六合）表雙方家長會互相走動、往來。

※衝：表雙方家庭背景不同。

※害：表雙方家長互不往來。

※同：（同氣）表家庭背景一致。

※無：表雙方家長互不往來。

【月柱】：

※合：男女雙方心心相印，好溝通，能達到共識。
※衝：男女雙方互動多且刺激，但容易爭吵，意見多。
※害：男女雙方相敬如賓，也容易相敬如冰，彼此會藏秘密。
※同：雙方處世態度一致能協調。但剛認識覺得彼此超了解，熟了卻沒刺激感了。
※無：沒有好壞之分。

【日主】：
※合：情被合住，性生活協調、圓滿。
※衝：性生活刺激，但也容易會要求對方。
※害：睡覺時間不同，同床機會不多，性生活不美滿，除非小別勝新婚。
※同：性生活協調、美滿。

【時柱】：
※合：夫妻彼此對孩子的管教、觀念一致。
※衝：夫妻彼此對孩子的教養觀念不同，會有意見。
※害：夫妻彼此對孩子的教養觀念意見不一，甚至各用各的方法。

【男女互動】：

※男合女：男的比較會為女的著想，會尊重，會禮讓。

※男衝女：男對女，會越看越討厭，而且意見很多，不相讓。

※男害女：男對女，會越來越不溝通，無言相對。

※女合男：女的比較會為男的著想，會尊重，會禮讓。

※女衝男：女對男，會越看越討厭，而且意見很多，不相讓。

※女害男：女對男，會越來越不溝通，無言相對。

第五節　如何診斷兩人姻緣吉凶及助力、阻力，最好出現兩個縮小版的命盤

夫妻婚配：

此項論斷僅提供未婚者日後選擇對象時之重要參考。同時印出男女雙方命盤一一對照，如已婚者亦可印出稍作印證，以提供日後夫妻相處之道，使夫妻感情昇華。

1. 夫妻日干成陰陽組合爲吉　如：夫之日干爲甲、丙、戊、庚、壬，則妻之日干配乙、丁、己、辛、癸。而夫之日干爲乙、丁、己、辛、癸，則妻之日干配甲、丙、戊、庚、壬。你們兩人日後較能互相扶持，雖會有意見但很快就妥協，還不錯吧！

2. 夫、妻之日干爲天干五合時，夫妻之日干是甲己、乙庚、丙辛、丁壬、戊癸等五種組合之一時，如：夫之日干是甲、妻之日干是己，或妻之日干是甲，夫之日干是己。你們兩人日後彼此有幫助，興趣上也能志同道合，這種組合很不錯！

3. 夫妻雙方之喜忌神不宜相同。如：夫之喜神爲木火、忌神爲金水、妻之忌神爲木火最佳，喜神爲金水。

因爲雙方喜忌神不同，可產生互補作用，才不會因工作事業等不順而影響到婚姻

4. 夫妻雙方之喜忌神相同時。如：夫之喜神爲木火、忌神爲金水、妻之喜神爲木火最佳，忌神爲金水。

因爲雙方喜忌神相同，不能產生互補作用，會因工作事業等不順而影響到婚姻。

5. 夫妻雙方之日支不宜相同，如夫之日支是「子」，而妻之日支也是「子」，有時會有太多的自主意見，夫妻間較會發生不和，或衝突或生氣。

6. 甲午、庚子、乙巳、辛亥等日生者：

因言談舉止風趣詼諧，生性風流多情，會有婚姻不美滿或離婚之象產生（先看在哪一方，要標明）。

7. 夫之日支與妻之月支形成六合或三合時：

看來老公較喜歡娘子喔！比較會遷就妻之意見。

8. 妻之日支與夫之月支形成六合或三合時：

看來妻子較喜歡丈夫，比較會聽從丈夫之意見。

9. 夫妻雙方之日支形成六合或三合時：

夫妻彼此都喜歡對方、疼惜對方，意見上也比較可以取得一致。

第八章

簡易算出每年的走運好壞吉凶

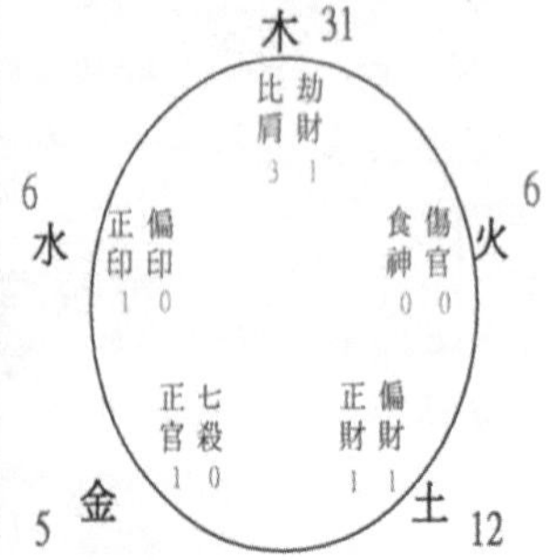

格局：建祿格

血型：A

空亡：辰巳寅卯

喜用神：火土金

忌神：木水

星座：雙魚座

姓名			性別	男
西元	1963 年			
13	2	3	52	國曆
13	7	2	52	農曆
時	日	月	年	日期
正官	日元	比肩	正印	主星
辛 金	甲 木	甲 木	癸 水	天干
未 土	辰 土	寅 木	卯 木	地支
乙丁己 木火土	癸乙戊 水木土	戊丙甲 土火木	乙 木	藏干
劫財 傷官 正財	正印 劫財 偏財	偏財 食神 比肩	劫財	副星
墓 49-64	衰 33-48	臨官 17-32	帝旺 1-16	十二運星
天乙貴人	華蓋 金輿	驛馬 祿神	羊刃	特星神煞

（辰—卯：害；未—卯：半三合）

79-88	69-78	59-68	49-58	39-48	29-38	19-28	9-18	歲
丙午	丁未	戊申	己酉	庚戌	辛亥	壬子	癸丑	大運

103 (52歲)	100 (49歲)	97 (46歲)	94 (43歲)	91 (40歲)	年
甲 比肩 午 傷官	辛 正官 卯 劫財	戊 偏財 子 正印	乙 劫財 酉 正官	壬 偏印 午 傷官	干支
太陰	太歲	福德	歲破	太陰	神煞
104 (53歲)	101 (50歲)	98 (47歲)	95 (44歲)	92 (41歲)	年
乙 劫財 未 正財	壬 偏印 辰 偏財	己 正財 丑 正財	丙 食神 戌 偏財	癸 正印 未 正財	干支
五鬼	太陽	天狗	龍德	五鬼	神煞
105 (54歲)	102 (51歲)	99 (48歲)	96 (45歲)	93 (42歲)	年
丙 食神 申 七殺	癸 正印 巳 食神	庚 七殺 寅 比肩	丁 傷官 亥 偏印	甲 比肩 申 七殺	干支
小耗	喪門	病符	白虎	小耗	神煞

命盤 30

第一節　如何得知每一年行運的强、弱運勢

以身強與身弱來區分（黑點爲好運）此表只做簡略論斷請再參考命盤

	日	主	木 強	木 弱	火 強	火 弱	土 強	土 弱	金 強	金 弱	水 強	水 弱
東方木	87	寅		●		●	●		●		●	
	88	卯		●		●	●		●		●	
	89	辰		●		●	●		●		●	
南方火	90	巳	●			●		●	●		●	
	91	午	●			●		●	●		●	
	92	未	●			●		●	●		●	
西方金	93	申	●		●		●			●		●
	94	酉	●		●		●			●		●
	95	戌	●		●		●			●		●
北方水	96	亥		●	●		●		●			●
	97	子		●	●		●		●			●
	98	丑		●	●		●		●			●

由命盤30之命盤得知此人爲甲木身強格，所以由上圖中明顯看出：

民國九十三年走好運。

民國九十四年走好運。

民國九十五年走好運。

民國九十六年～九十八年年年走壞運。

畫◯表示該年走好運，可把握機會順勢而爲。

畫X表示該年走不好運，一切謹慎，凡事多考慮。

人講三年一運好壞照輪，人生如能掌握好運或壞運的時程，計畫而爲，你的人生鐵定會是彩色的。

人說：人在做天在看，如果運好請不要太得意，因爲陷阱總是在美麗的圖景中形成的。如果運不好，也不要見人就嗆衰，因爲我們所做的或是所說的每一句話老天爺都會聽得到，當運好時恭禧你，運差時記得要減少投資，凡事慢慢計畫，一急就出事。

運差的人請每天做運動至少二十分鐘，請往住家的貴人方或面向貴人方做運動，連續7X7天=49天，往後運自然轉佳，照做很靈喔！

貴人方請參考前面論，行、住、坐、臥，及貴人方位之章節。

第九章

運用簡易的陽宅開運法來制煞解厄

第一節　如何鎮宅及防止意外、血光發生

A.如果由命盤中得知，會有意外或血光之事發生時，可用羅盤來制煞。

車上：可以用小羅盤掛在車上，以防車關發生。

房子：可以用大羅盤掛在客廳或流年五黃煞或2黑土之方位上。

流年五黃位	民國年數
西南方	90
東　方	91
東南方	92
中宮（西南）	93
西北方	94
西　方	95
東北方	96
南　方	97
北　方	98
西南方	99
東　方	100

流年2黑土位	民國年數
東北方	90
南　方	91
北　方	92
西南方	93
東　方	94
東南方	95
中宮（西南）	96
西北方	97
西　方	98
東北方	99
南　方	100

如果想防止意外、血光之事發生，你也可以適時安放大、小羅盤來作預防。人家都說：預防重於治療嘛！

PS：我們都知道意外的發生，大夥會歸究於不小心，但有很多情況是我們很小心而是別人不小心來惹我們，而讓我們受傷害，這種狀況叫做壞運，如何防止運壞呢？當然是要做功課的。

◎如果你平常上班要騎車或開車，建議你大約一個月左右在車輪胎前後揮灑粗鹽，讓車子永遠保有乾淨的磁場，讓厄運不會靠過來，讓行車一路平安。

◎在家中或辦公室、生意場所，你可以從屋中的東北角順時鐘撒粗鹽（數量不用太多），然後大約半年撒淨一次 保證會讓你感覺事事順利、財源廣進。有人會問爲什麼要從東北角開始撒淨？因爲東北跟西南一直線是叫鬼門線，所以就從東北邊開始。

第二節　陽宅如何佈局，佈局好能催旺財運

人生改運說：人除了認真賺錢以外，要如何改變才能有更好的財運呢？

老師們都說：在客廳的財位擺放

□開運納財聚寶盆

□綠色圓葉盆栽

□鎮宅催財貔貅

□鎮宅催財麒麟

就可適時催旺家中的財運，使工作事業愈來愈順利、財源滾滾而來。

PS：在財位的方位上千萬不要擺放垃圾桶、無門鞋櫃，以防止污穢財神，使財神不來照顧。

PS：一般陽宅財位方位如何得知？

人站在客廳正中心將羅盤或指北針定位後，再找出大門在何方位，以下表就可得知財方及旺方在哪兒？

房子財位及旺方速查表

門位	財方	旺方
南	東南、北	東
西南	東北	西北、西
西	西北	西南、東北
西北	西	西南、東北
北	東、南	東南
東北	西南	西北、西
東	東南、北	南
東南	東、南	北

人說：福地福人居，如果現在所居住的房子你住起來感覺不是很順暢，首先要檢查各房間的擺設。

一、客聽代表男主人的顏面，是否整齊、乾淨呢？

二、廚房代表女主人的財庫及脾氣，是否該定位都定位了呢？

三、臥房內床是否有避開門、鏡子或樑柱呢？

四、廁所有沒有整潔、乾淨，可種一棵綠色盆栽來美化及釋放芬多精，也可用門簾來擋煞氣，更可用粗鹽來吸納廢氣。

請檢查如果房子各房間都很乾淨、清爽，空氣也很好，再加上陽宅的佈局催旺開運的效果會很好，反之則改善效果不佳。

第三節　如何淨化陽宅就能一切平安順利

各位應都該聽過「磁場」兩字，「磁場」好一切平安順利，「磁場」不佳，百事不順、身體欠安、百病隨之而來，如何讓我們生活在一個充滿溫馨清淨的環境呢？建議你可以選用使宅第通氣。

□開運薰香爐

□粗鹽開運鹽晶

據經驗：「磁場」經淨化後配合禪定觀想，一段時日後就會顯得身體健康、事事順利、財源增進，那就表示家中的「磁場」與本身的「磁場」相互融合了，恭喜！恭喜！

PS：要如何使用可請教老師

PS：我們常常會聽到磁場兩個字，各位讀者知道磁場是什麼呢？看得到嗎？當然是看不到，除上述的方法有效外，也可以運用一種老祖宗的粗鹽淨化法來淨化陽宅：

一、在房子四周角落放三十公克粗鹽（堆鹽用杯子裝）。

二、在廁所內放三十公克粗鹽（堆鹽用杯子裝）。

三、在廚房放三十公克粗鹽（堆鹽用杯子裝）。

四、在大門入口處放三十公克粗鹽（堆鹽用杯子裝）。

用以上方法來改善居家的不好宅氣，有相當好的效果，記得一個月換一次粗鹽，將粗鹽灑到外面的土地上讓它歸回大地，此方法很有效喔！

如果肯詳讀各章節，保證你對八字就不會覺得那麼困難了！

吉祥坊易經開運中心服務項目

一、命理諮詢附八字祥批，奇門遁甲用事方位一個月	一、八〇〇元
二、命名、改名，附改前、改後命書流年一本	二、六八〇元
三、一般開市、搬家、動土、擇日、附奇門遁甲擇日	一、二〇〇元
四、嫁娶合婚擇日，附新郎、新娘八字命書一本	三、六〇〇元
五、剖腹生產擇日，附七十二張時辰命盤優先順序	三、六〇〇元
六、陽宅鑑定及規畫佈局，附男、女主人八字命書一本	四、八〇〇元
七、開運印鑑，附八字流年命書一本	四、五〇〇元
八、吉祥印鑑	一、八〇〇元
九、開運名片，附八字流年命書一本	二、六八〇元
十、八字命理班招生初階（十八小時）	二、〇〇〇元
十一、陽宅規劃班招生初階（十八小時）	二、〇〇〇元
十二、姓名學招生初階（十八小時）	二、〇〇〇元
十三、其他教學VCD或開運物品上網查閱	

服務處：台中市西屯區西屯路二段297之8巷78號（逢甲公園旁）

TEL:04-24521393　FAX:04-24513496

E-mail：w257@yahoo.com.tw　網址：http://www.abab.com.tw

感謝各位讀者購買本書，凡上網登錄為本中心會員可享每月開運寶典秘法電子報，有許多是用錢都學不到的知識喔！

國家圖書館出版品預行編目資料

學八字，這本最好用／黃恆堉著.
－－初版－－ 台北市：知青頻道出版；
紅螞蟻圖書發行，2005〔民 94〕
面　　公分，－－(Easy Quick : 51)
ISBN 978-957-0491-41-8 (平裝附光碟片)

1.命書
293.1　　　　94006339

Easy Quick 51

學八字，這本最好用

作　　者／黃恆堉
發 行 人／賴秀珍
總 編 輯／何南輝
文字編輯／林芊玲
美術編輯／林美琪
出　　版／知青頻道出版有限公司
發　　行／紅螞蟻圖書有限公司
地　　址／台北市內湖區舊宗路二段 121 巷 19 號（紅螞蟻資訊大樓）
網　　話／ www.e-redant.com
郵撥帳號／ 1604621-1　紅螞蟻圖書有限公司
電　　話／(02)2795-3656（代表號）
傳　　眞／(02)2795-4100
登 記 證／局版北市業字第 796 號
法律顧問／許晏賓律師
印 刷 廠／卡樂彩色印刷有限公司
出版日期／ 2005 年 5 月　第一版第一刷
2023 年 3 月　　第二十一刷（500 本）

定價 300 元　港幣 100 元

ISBN 978-957-0491-41-8　　Printed in Taiwan